# 大丈夫、みんな楽しく生きています！

## ことばの遅れ・知的障害・自閉症の子が大人になるまでつきあって

古賀才子 編著

社会評論社

# はじめに

わたしは東京都の保健所で１９６９年から約20年ほど三歳児健診の心理相談をしてきました。そのなかで、どうしても個別相談や子どもへの直接的な治療教育が必要だと強く思いました。そこで自分の非力をかえりみず、東京・立川の自宅で『こどもの相談室・ぞうさんの部屋』をひらいて35年にもなります。

そこでどういうことをめざし、どのようなことをしたかを「『ぞうさんの部屋』の記録」（批評社）という本に纏め、１９８６年に出版しました。この本が新聞・雑誌などで紹介されましたので、相談希望者がたくさんこられるようになりました。その3年後の１９８９年には、「続・『ぞうさんの部屋』の記録」（批評社）を出版しました。そこにはお母さんたちが日夜気にしていることを書き、わたしがそれに返事を書くという形式でこどもの成長の記録をまとめました。

その後、夫の海外赴任とともに外国で暮らしたり、岩手県で暮らしたりして中断がありましたが、１９９８年から東京の杉並でまた『ぞうさんの部屋』を始めました。わたしの仕事ぶりは、わたしの思いとは違って、まことに断続的で不徹底なものになってしまいました。でも、どこへ行っても、相談を始めてからこれまで縁があってお会いできたお子さんたち・お母さん方のことを忘れたことはありません。お母さん方もそんなわたしを責めもせず、有難いことにずっとお手紙や電話や電子メールや年賀状などでつながり、その成長ぶりを知らせて下さっています。この間、何度かアンケートをお願いして、どうしているか、どんなことに喜び、どんなことに困っているのか、などを伺ってきました。

昨年（２０１０年）は私が喪中で、年賀状がきませんでした。それでこれまでの十年分の年賀状を懐かしく眺めているうちに、「これは短くても一年一年の成長の記録だ。今までのアンケートなども合わせてまとめてみたら、いま苦労している方たちに参考になるのではないか」と思い立ち、まとめることにしたのです。

Ⅰで「『ぞうさんの部屋』に来てから大人になるまでの大事なことを簡単にまとめました。幼稚園・保育園のこと、小学校入学のときの迷い、普通学級へ入学させたお母さんたちの座談会から印象に残ったこと、アンケートの中から小学校・中学校での友だち関係のこと、高校・専門学校・大学等に進んだ人の意見などをまとめました。

Ⅱで　20歳、30歳、40歳になった人々について。

『ぞうさんの部屋』に初めてきたときの様子、それから2～3年どんな相談をしたかをのせました。１９９７年のアンケート、２００９年のアンケートも入れて、ここ10年分の年賀状などにより、いまどんな生活を送っているかを30人分以上書きました（お子さんとお母さんの名前はすべて仮名にしてあります）。

最近、年賀状などで、子ども（いまは大人になりました）がグループホームにはいった、ケアホームにはいった、という知らせがくるようになりました。本人は個室を与えられ、好きなことを自由にして、のびのび暮らしているし、お母さんたちも子どもが小さいころには想像もできなかった静かな生活を送っている、というのです。

また、ことばを話さずに心配していたころはそんなことができようとは思ってもいなかったのに、ちゃんと就職して働いている人々もいます。

福祉作業所で仕事をしたり、旅行をしたり、サークル活動をしたり、いろいろのメニューで楽しんでいる人々、ガイドヘルパーさんとあちこち出かけて生活を楽しんでいる人もいます。

高校生の活躍がまた素晴らしいのです。本当に、子どものときの様子からは信じられないような成長ぶりです。

35年前、私が『ぞうさんの部屋』を始めたのは、当時からアメリカではグループホームがあり、障害をもったひとたちはそこに住み、そこから福祉作業所や職場へ行き、休日だけ親元に帰る生活がひろがっていることを知り、ぜひ日本でも同様なことを実現させたいと夢見たのもひとつのきっかけでした。これが実現して初めて親は安心して自分の晩年を送れると思うのです。この本をきっかけにして、まだホームの準備をしていない人々が仲間を作り、ホームを作るきっかけになってくれたらと思います。

**いま心配なお子さんをお持ちのお母さんがた、この記録を読んでくださったら、**

小さいとき、ことばが遅くて心配でも、小・中学校で勉強についていけなくても、「大人になって楽しく暮らしているのね」と、将来への見通しと希望をもって子育てにあたれるのではないか、そんなに気を揉まなくても、きっと将来楽しく暮らしていける、それで十分ではないか、ゆったり見守っていこう、日々の成長はゆっくりでも、それを楽しみながら見守っていこう、という気持ちになれるのではないか、と思います。

しかしここで一言《ひとこと》。ここで取上げたお子さんのお母さん方は、大切な幼児期に、短い時間ながらも、わたしと相談しながら子どもの興味を広げることに熱心にとり組んでこられたのです。決して何もせず放置しておいても子どもの将来には心配がないということではありません。子どもとお母さん方ひとりひとりの記録を読んでいただければどのように相手をしてきたのかも書かれています。特に相手の難しかった方は少しくわしく、どう相手をしたかを書いてあります。どうぞ参考になさって下さい。

私は心臓の持病がある上、今年で後期高齢者の仲間入りをしました。そろそろ『ぞうさんの部屋』を閉じようと思っています。それで締めくくり、まとめのつもりでこの本を書きました。つたないものですが、これだけ長いあいだ多くの人を見守り続けた記録は他にはないのではないかと思い、筆をとった次第です。

幼い方、もう小・中学生になっている方、高校生で将来のことを考える時期の方、どうぞ将来への見通しを立てながら大変な時期を乗り切って下さい。成人になられた方々には「生きていることは楽しい」という毎日にする手助けに、親亡き後もそれが続けられる仕組み作りに、これからもお互いに助け合っていきましょう。

『ぞうさんの部屋』主宰　古賀才子

2011年9月

大丈夫、みんな楽しく生きています！＊目次

## 第2章 就職して働いてます

# I

# 『ぞうさんの部屋』に来てから大人になるまでのこと

## 1. 幼稚園・保育園について

永年障害児の相談の仕事をしてきて痛感するのは、幼稚園・保育園にはいることが子どもにとっての人生の最初の関門だということです。とくに障害児にとっては。

最近は各市町村で1歳半健診、3歳児健診から問題のある子が出てくると、障害児のグループ指導をしてくれ、相談にものってくれるところが増えてきました。ところがそこである程度落ち着いて、幼稚園・保育園にいれようとすると「生活習慣がまだ確立していないから無理なのではないか」、「もう一年障害児のグループでのんびり指導してからがいいのではないか」と云われたりもします。でも私は、大人が手とり足とり教えるよりも、子どもは子ども同士の中から吸収していく力があると思いますので、幼稚園・保育園にいれることをおすすめします。

20年、30年前は手のかかる子をいれてくれる幼稚園はほとんどなく、頼み込むのが大変でした。しかしお母さんたちががんばって入れてきたので、幼稚園の方でも市や都に補助金を出すよう要求して、それを獲得し、今では補助の先生をたのみながら面倒をみてくれる幼稚園・保育園は多くなりました。そこに2年間、3年間通ううちに、お友達のまねをして教室の中にいられるようになり、お集まりには坐っていられるようになり、歌は歌えなくてもいっしょに楽しみ、お遊戯もあっちこっち少しずつできるようになる。砂場遊びもままごとも少しずついっしょにできるようになる。つまり、まわりの子どもたちが楽しそうにやっているのを見て、だんだんに真似て吸収し、集団生活のルールも覚えてきます。先生方が辛抱強くし向けてくださるおかげですけれども、子どもは子どもの中で育つんだということを実感します。

以前、発達の遅れた子をなかなか幼稚園がいれてくれないとき（今でも断られる園はかなりありますが）、本当は幼稚園に入れて、帰ったらお母さんが子どもと遊んでやるのがいい時期の場合も、お母さんがパートに出たりして保育園に子どもをいれてもらったりしました。お母さんが働きに出ると、どうしても子どもの相手をする時間が減ってしまうのですが……。

保育園は教育的なことより自由な遊びと生活習慣とを身につけさせてくれるので、その点もよかったし、1歳児、2歳児もみている保母さんたちは排泄の自立ができていない子（おしっこ、うんちのお漏らしをする子）もいやがらずにみてくれました。結婚前の大学卒業したてのようなお嬢さん先生（失礼！）の多い幼稚園では、ことばが遅いのはともかく、お漏らしの子は受け入れたくないと云われることも多々ありました。

しかし、保育園も働くお母さん方の需要が多く、パートぐらいではなかなか入れるのが大変でした。今も待機児童が多いと云われていますので難しいでしょうね。

わたしは、希望を云えば、障害のある子はみな保育園にいれてくれて（市区町村でやっている障害幼児のグループ指導は週1回くらいにして）、年齢枠にとらわれない保育をして下さると、子どもたちは小さい子どもたちのなかでのびのびと育っていけるのではないか、などと考えています。

## 2. 小学校入学

わたしの相談室に来た方は、ほとんどことばを話せないか、ほんの少ししか話せなかった子です。ことばの遅れだけでなく、知的遅れ、自閉的傾向、またはかなりの自閉症、などの障害をかかえています。就学時健診ではかなりの人が耳の検査、目の検査などでひっかかります。そこで入学予定校の校長・教頭・教育相談員など5人くらいの人の前にお母さんが呼ばれ、特殊学級（特別支援学級）に行くことを勧められます。しかしそれを拒否し、がんばって普通学級に行った人々の中には、高校・専門学校・大学と進めた人、そのおかげで普通に就職できた人も何人もいるのです。お勧め通り特殊学級（特別支援学級）に行ったら、この道に進めたでしょうか。

特殊学級（特別支援学級）の子たちはあまりしゃべれなかったり、友だちを作るのが苦手だったりするから、そこへ行ってもあまりことばは増えないだろう、友だちもできないだろうと思います。幼稚園ではなんとか楽しくやってこられたのだから地元の普通学級に行かせたい。でも学校となると45分間きちんと教室にすわっていなければならない、じっとしていられるだろうか、勉強面でついていけなくなると思う、でも近所の子といっしょに学校に通わせてやりたい。どうしたらよいか、と親は迷います。

そこで特別支援学級をいくつか見学してくることを勧めます。行ってみると、たいていは生徒が1学年にひとりか二人、3学年づつ2組か能力的に2組にわけ、先生が2～3人のところが多い。

女の子の数は少なく、1年～6年でひとりか2人、多くて3人。そこで、とくに女の子のお母さんは迷います。ここで6年間すごすことがこの子にとって楽しいか、全体的な成長を望めるのだろうか、と。また、特殊学級（特別支援学級）を見てきたが、校舎の隅の方にあって、みんな肩身が狭そうに過ごしている、先生によっては「宿題をやってこないやつは特殊学級（特別支援学級）へいれちゃうぞ」などと馬鹿にする。それが子どもに映らないはずはなく、そういうクラスの子は特殊学級（特別支援学級）の子を見るとバカにするようになるだろうと思います。

こういう状況を見てくると、ほとんどのお母さん方は、できるところまで普通学級でやってみようと思い、たとえ就学時健診のときに視力検査・聴力検査などにひっかかったとしても、校長先生とお会いして普通学級入学をお願いしようと決心します。以前は普通学級にはいるのはかなり大変でしたが、現在では親ががんばれば、親の考えがかなり通るようになりました。

普通学級にこだわる（どうしても行かせたい）お母さんたちはいいます。

●保育所・幼稚園生活の経験から近所のこどもたちのなかで揉まれてこそ社会にでたとき必要なたくましさが培われると信じる。

●こどもはこどもから学ぶ。特殊学級では学ぶものは少ない。大人が管理する上での生活指導しかない。

●わが子と地域で生きていこうとするとき、支え合う仲間が必要。理解してくれる親もでてくると思う。

●いわゆる勉強は捨ててかかろうと思っている。そのかわり、なんとかみんなと一緒に生活できるように育てたい。

●うちの子は勉強ができません。いくらやらせても限界があります。だけど普通学級にはいってみんなと一緒に過ごすことがこの子が育つうえで大切だと思います。

●うちの子はたとえしゃべれなくてもやっぱり友達がほしい。その子を、友達ができにくい遠い学校とか、友達を作りにくい子ばかり集めた学級にいれても、こどものことを考えているとは云えないと思う。

●障害者と健常者がともに暮らせるような社会をつくる人間は、ともに暮らしていくなかでしか生まれない。

●ラジオ体操などで出会って「お化け」とか「ばか」「きもちわるい」などと云って走っていった子も、同じクラスになったら家に遊びにくるようになった。いっしょに生活することを通して本当の姿を知りあって悲しい差別のことばは消えていくことを実感した。

●特殊学級では決してしあわせな学校生活を送っていない。肩身の狭い思いをし、みずから差別に甘んじ卑屈な生き方に甘んじている。「特殊学級の卒業生は、わけられたことを強く恨んでいる」。

(「特殊学級卒業生はいま」権田文雄　創世記　を参照)。

●普通学級にこだわる親にたいして見栄だとかエゴだとか云うひとがいるが、特殊学級にいれば在学中はもちろん就職にも進学にも結婚にも差し障りがあるのだから嫌なのは当然。いま、うちの子の問題ではあるが、本当はすべての子の問題なのだ。

●しゃべれない子だからってひがむことはない。しゃべれないってことはいいことなんだ。ひとの悪口を絶対云わない。頭の悪いこともひがむことはない。原子爆弾みたいなあんな悪いものを絶対作らない。

「地域に生き　ともに育つ」徳田久編　社会評論社　などを参照。

## 3.　普通学級に子どもを入れたお母さんたちの座談会から

印象に残ったお母さんのことばを書いてみます。

●学校にはいったあとも心配なことがいろいろあります。まずお勉強が嫌で、すぐ退屈する。そして教室を抜け出してフラフラ探検にいく。でもここ2～3ヶ月でそれもだいぶ落ち着いてきました。授業は進むのが早くてとてもついていけません。古賀先生やわたしの作ったプリント類を持たせて先生にそれをやらせて頂くようお願いしてあります。

**友だち関係はうまくいっているようで、いろんな子から声をかけられるようです。**先のことはわからないが今のところうまくいっているようです。みち子（知的障害）も「**学校はお勉強するところだ」とわかってきたみたいで、それが嬉しいです。**もし特殊学級にはいっていたら友だちからあまり言葉もかけてもらえなかっただろうと思うのね。まわりの子がみんな、「この子はこういう子だからこういうふうにつきあえばいい」とわかってきたようで、みち子には過ごしやすいのではないかと思います。

学校では教卓の前に座り、先生の様子をうかがいながらやっています。授業参観のときなど、授業そっちのけで後ろにいる父兄に話しかけます。もう恥ずかしくて……。これがわが子なのだと嘆息しています。だけど、いけないことをしそうになると、まわりの子が一斉に注意してくれるのは有り難いです。

●うちの子の啓一郎（自閉的傾向）は幼稚園で1年下のクラスにいたので心配だったのですが、古賀先生がすすめてくれた受け入れのいい羽村に引っ越して松林小の普通学級にはいりました。勉強の方も古賀先生に見てもらって今のところはついていっているようです。学校に二度見に行きましたが、休み時間に他の子と遊んでいるのを見てホッとしました。算数の時間も落ち着いていて、幼稚園のころの多動でじっとしていられなかった子が、先生の声かけひとつでできるようになったんです。

給食もみんなと同じようにきちんとやっていました。体育の時間も先生がみんなに話しているときはわからなくても、他の子がごく自然に教えてくれているようです。走っているときなど、啓一郎がどこにいるのかみわけられないほど溶けこんでいました。家に帰っても近所の子が遊びにきてくれる。学校にはひとりで行って帰ってこられるようにもなってきました。まだ心配な点はいろいろありますが。

男の子が何とかごっこを始めたりするとついていけなくなるかな〜と心配しています。観察の絵などは、いままで見たこともないザリガニの絵もきちんとかいたりしています。

●担任はベテランのおばあちゃん先生で、うちの子は発音が不明瞭だが、「お母さんもあせらないで見守ってやってください」と云われました。**学校には1週間でひとりで喜んで行くようになりました。**（一同・えらいわねー）

今日は主人が日曜参観で行ってきて、ふだんは「他の子とは比較しない方がいい」と云っているのに、だいぶショックを受けてきたようでした。国語の時間もあくびをしたりねそべったりしていたので、主人が声をかけたら字を書きはじめたそうです。先生もいつもはよっぽどでないと注意しないらしい。「悠介ちゃん（知的障害）も書いてごらん」と云われると書きはじめるらしい。算数の場合も声をかけられると式を書き、数を数えてやっているようです。

クラスの子もわかっていてよく面倒をみてくれています。クラスの子の名前は覚えてしまったよ

うです。（古賀・2ヶ月で全部覚えるなんてすごい！　友だちが好きなのね）
**2〜3日前も雨で迎えにいったら友達とふざけながら楽しそうにしていました。**中村さんも云っていたけど、特殊学級に行くと言葉をかけてくれるのがうんと少ないと思いますね。

●担任が非常に厳しい先生で、「背筋をピシッと伸ばして目玉をよくあけて先生の方を見るように」という。親がついてくるように云われているので、ついていっています。
実枝（自閉症）が声を出したときは教室の外にだされていました。**最近は奇声を出すこともなくなり、色ぬりもクレヨンを出したり、みんなが読んでいると立って読む形をします。**文章なども私が云って書かせたりします。それを**先生がもっていって読もうとするので「読めますから自分で読ませて下さい」といったら実枝に読ませてくれました。実枝はたどたどしいが全部読めたので、先生は「上手。がんばったね」と拍手してくれました。**

●学校へ行って座っていられるか心配で、と来年入学予定のお母さんが心配していたけれど、こどもがどんなふうに変っていくか、誰にもわからないわよ。穂乃子（自閉症）も一時知らないお宅にはいっていく時期があって、警察に保護されたことがありました。そのときにウンと叱ったら、それまでどんなに叱っても効き目がなかったのがだいぶ分かるようになってきました。それでも学**校にあがったらきっと動き回るだろうと覚悟をきめていました。でもいまでは休み時間以外はそん**

**なことはないし、ベルがなるときちんと席につきます。**だから時が経つとこどもは本当にウソのように変わるんだなあと思います。（古賀・みんなが席に着いていると、自分も席につくようになるんですねー。まわりの子どもたちの影響ってすごいわねえ。）

●はじめの頃は「教室からふらふら出ていくんじゃないか」と、そればかり気にしていましたが、最近は教室内をうろうろすることもなくなってきました。声を出したとき「外に出すよ」というと、机にしがみついていました。

　この話し合いは１９８９年のもので古いものですが、２人の方が学校の要請でお母さんが毎日ついていっていました。しかしいままでは補助の先生（公的介助員制度……Ⅱの第４章の囲み記事参照）をつけてくれるところもでてきました。これがもっともっと増えて、どこの学校でも当たり前になってくるといいですね。お母さん方がどんどん要求していかなければ前進しないと思います。ただ、２００５年に成立した障害者自立支援法には、障害児支援施策の見直しの考え方として、可能な限り健常児とともに育つ環境にしていこうと明記されています。そして障害のある子どもが他の子どもとともに「遊び・学び・活動する」共生社会の実現を改革の方向としてあげています。ぜひそうなってほしいものです。（傍点は古賀）

## 4. まわりのひとに理解してもらう

●障害をかかえている子が普通学級にはいったとき、まわりの子がその子を奇異の目でみたり、他のお母さん方同士がこそこそと話し合い、自分の子に対して「あの子は○○だからね。そばに行っちゃだめよ」などと云ったりすることがあります。

世の中には、からだや知能の発達がさまざまに異なる人がいるということは誰でも知っていることですが、いざ目の前にすこし「異常」だと思われる人物が現れると、とたんに警戒しはじめるのが人の常です。

そこで、入学したらできるだけ早い機会に、自分の子の「障害」のことをみんなに知ってもらうことが大切だと思っています。そうすれば気味悪がられたり、いじめられたりすることもなくなります。

また一般の児童だけではなく、「普通の」先生も障害児のことはあまりよく知りませんから、障害児にとってはどういうことが有り難いか、どういう配慮をしてもらうと助かる、とか、率直に伝えましょう。ことあるごとにことばで伝えるだけではどうしても誤解や理解の行き違いなどがありますから、紙に書いて広く知って貰うようにするのがいいと思います。

●1年間過ごしてみて、「担任へのお礼とお願い」を書いて出す自閉症のAちゃんが普通学級で1年間がんばりました。先生もとても大変だったと思います。1年の終わりにそのことへの感謝と1年間で成長したこと、うまくいかなかったこと、来年はこういう点をお願いしたいなどを　まとめて担任に提出しました。2年目がもっとうまくいくように願ってのことです。

口ではなかなか云えないものです。書いてお願いするのは、本人にとっても、担任にとってもいい方法だと思います。

＊

ここからは1997年に「成人に達した人々へのアンケート」に答えて下さったものをまとめてみます。アンケートの内容は、次のようなものです。

- 小学校時代・中学時代・高校時代・それ以後、どんな様子だったか。
- 卒業後どうしているか。就職できたか。続いているか。
- 苦労したことはなんですか。
- 楽しみはなんですか。

ここでこの人々に診断名を書きましたので、それについて述べておきます。

## 障害児の診断名について

みんなに毎週お会いしていたのは20年以上前の方が多いので、各人のうしろに診断名は書きたくないのです。なぜかと云えば、もう変化して、たとえば自閉症だと思っていた人も、その部分はだいぶなくなり、知的障害が多少あるかなと思える程度に成長しているかも知れません。ことばを話さなかった人々も、成長して日常生活ではほとんど問題なくなっていることでしょう。知的障害の人々も重度の人々以外は日常生活では問題なくなっているのではないでしょうか。

ここでは失礼になるかもしれませんが、お会いしたころの診断名を書かせて頂いて、読者の方に、小さいころこう云われた人がこんな大人になり、こんな生活をしているのね、と読みとっていただくために、あえて小さいころの診断名を書かせて頂きます。

ひとりひとりに付けられている診断名を簡単に説明します。自閉症についてはくわしくは巻末の付録をご覧下さい。

**知的障害、ちえ遅れ**（**「ぞうさんの部屋」に来た人の場合**）

ことばをごく少ししか話さない。ことばの理解力が乏しい。日常生活で自分のことができない（食事・排泄・衣服の着脱・睡眠など）。知能テストをすれば、ＩＱ（知能指数）が40〜70、80程度の方々。

**自閉症**

＊社会性の障害――他の人に関心を示さない。さわられるのもイヤ。目（視線）を合わさない。

＊コミュニケーションの障害――おうむ返し（相手の云うことを繰り返す）、意味のわからない独り言を繰り返す。疑問文で自分の要求をする（たとえば、食べたいときに「ご飯食べる?」、帰りたいときに、「お家帰る?」など）。会話がなかなかできない。冗談が通じない。想像力の障害。

＊動作の繰り返し――ぴょんぴょん跳ぶ。手をひらひらさせる。手のひらの隙間から光を見るのを繰り返す。同じ質問を誰にでも何度でもする。

＊興味のあるものに執着する——特定の衣服・おもちゃ・趣味に執着。
これらの症状を全部持っている人は少なく、「自閉的傾向がある」などと云っていました。当時は「**アスペルガー症候群**」という言い方はまだなかったので、現在ではアスペルガー症候群と呼ばれるようになる人の幼児の頃は、「知的には問題はないけれど、自閉的傾向が少しある」というように云われていました。
**ダウン症**（ダウン氏症候群）
日本では1000人に一人の割合で生まれると云われます。生まれてすぐ障害がわかるので（今は胎児のうちから羊水検査でわかるそうです）、ご両親ははじめとても戸惑われると思います。
合併症として心臓や筋肉が弱かったり、目や耳に問題をもっていることがあります。染色体異常で、「生まれつきちえ遅れ」のなかに含まれています。人なつこく、陽気におどけたり、大きな声でおしゃべりをする、音楽やリズムが大好き。しかし頑固で、いったん気に入らないとてこでも動かないところがあり、指導には工夫が必要です。

## 5. 小学校・中学校での友だち関係について

無理しても普通学級に行かせたのは、友だちをもとめてのことでした。実際行ってみてどうだったのか、お母さんからのアンケートの返事をまとめてみました。

### ●小学校時代

友だちとの関係については、

「女の子がよく面倒を見てくれた」（自閉症）
「外に出て友だちをさがして遊んだ」（ことばの遅れ・軽度の知的障害）
「家にいったりきたりする友だちも2〜3人いた」（ことばの遅れ）
「約束をして遊びに行き、6〜7時まで遊んでくるようになった」（ことばの遅れ・軽度の知的障害）
「近所に同学年の子が6〜7人いて、パソコンなどで対等に遊んだ」（ことばの遅れ）
「電話をかけて遊びにいったりしていた」（ことばの遅れ）
「友だちがよく相手をしてくれて、人気があった。仲のよい子、かばってくれる子がいた」（自閉症）
「席替えのときなど、隣の席になりたがる子がたくさんいた」（ダウン症）
「遊びにきてくれたり、誕生会に呼んでくれたりした」（ダウン症）
「1〜2年のころは自宅に遊びにくる子もいたが、その後担任がじゃまにするようになったら、友だちも離れていった」（知的障害）
「男の子の友だちもいた。すこし悪さをする子もいたが、本人は気にしていなかった」（ダウン症の女の子）
「6年のときラブレターを書き、女の子にキスして泣かせてしまったことがある。あとで女の子は『おばさん、気にしないでね』といってくれた。やさしい子だなあ、と母は涙したとのこと」（自閉症）
（古賀・こういう友だちとの交流は、近所の子たちみんながいく学校にいったからこそできたのですよね。実はこれがこどもの毎日の成長・しあわせにとっても、いちばん大切なことではないでしょうか。）

## ●中学時代

友だちとの関係について

「あまりうまくいかなかったが、自分から求めていき、相談にのってくれる友人もいた」。（ことばの遅れ・知的障害）

「**親友をつくったのもこのころ。**今でもなにかと連絡をとりあっている。4人はバイク仲間。中学時代がいちばん楽しかったようで、これからもよい関係を続けていけると思う」。（ことばの遅れ）

「友だちを家につれてくることはなかったが、クラブ関係の友人はいた。いまでも続いていて、ときどき会ってお酒をのんだり、カラオケにいったりしている」。（ことばの遅れ）

「とてもよい友だちにめぐまれた。**卒業しても手紙をくれたり電話で話し相手になってくれている**」。（ダウン症）

「友人がいた。なかよしの友だちが2～3人いた。うまくいっていた」（2人）（自閉的傾向・ことばの遅れ）。

「OKです」。「遊んでいます」。「友だちもよかったし、やさしかったが、沢山はできなかった」。

「仲良くしてくれている」（自閉症）。

「『○ちゃん係』がいて、助けてくれた。いろいろ差別されたことはあったけど、仕方がないと思っている」（知的障害）。

（古賀・やっぱり中学生ともなると、先生より友だちですよね。部活の友人など一生つづく友人をつくるときですね。）

## 6. 高校・大学・専門学校について

**養護学校高等部（特別支援学校高等部）**

「国語と算数は程度別に教えて頂いたが、他の教科は発達の程度に関係なく、みんな一緒なので、**おくれの程度の軽い子は伸び悩んだ**」（軽度知的障害）。

「先生から『指示されないとしない、できることも積極的にしないのは普通学級にいた弊害だ』と注意された。意欲的な先生に恵まれた。友だちは、11人のクラスで和気藹々、卒業後も家族ぐるみでつきあっている。勉強が楽しいことを初めて体験した。ひとりで片道30分、雨の日も自転車で通学した」（軽度知的障害）。

「できてから2～3年の新しい立派な学校。**先生方も熱心だった**。親も子も気をはることなくのびのびできた」（自閉症）。

「まわりにはもっと重度の子が多かったので、のんびり過ごした」（自閉症）。

「電車とバスに乗り、ひとりで通学。張り切っている」（同趣旨を3人が）（ダウン症など）。

「とくに問題となることはなく、よい思い出ばかりだ」。（知的障害）

「楽しく過ごせた。先生にも恵まれた。友だちともうまくいっていた。勉強については、日記など毎日書いていたので、自分で考えて書けるようになった。**いろいろな体験・経験をさせてもらい、ずいぶん成長した**」（自閉症）。

（古賀・みんな電車とバスや自転車を使って、遠いところにひとりで通学したのね。それだけでもエライね。そしてみんながんばって楽しい高校生活を送れたようで、よかったね。）

**都立高校**

＊昭島高校——グランドが広いので自分でこの学校を選んで受験した。先生にも友人にも恵まれた。とても楽しい高校時代だった（軽い自閉症）。

＊東村山高校——テニスクラブにはいり、部活が楽しそうだった。先生には恵まれた。成績は中の上ぐらい（自閉的傾向）。

＊清瀬高校——毎日とても楽しそう。よい先生にめぐりあった。勉強は英語以外はまあまあ。部活で合唱部の部長をしている（アスペルガー症候群）。

＊拝島高校——あまり楽しくなかったようだ。卓球部がないのでバスケット部にはいったが、1年でやめ。エネルギーがあまるのでアルバイトをした（ことばの遅れ）。

＊瑞穂農業高校——1年のときは順調だった。2年になって勉強が難しくなってから友だちに暴力をふるったこともある（自閉症）。

＊北多摩高校二部――楽しく通っている。先生たちにも恵まれた。いろいろ友だちが声をかけてくれる（小・中学校の普通学級で、先生に「ここに居るべきではない」として疎外されていた子）（知的障害・言語障害）。

## 私立高校

＊東海大学付属望星高校――楽しく過ごせた。先生にも恵まれ、友だちともうまくいっていた。勉強も難しくなかった（軽い知的障害）。
＊昭和第一高校――楽しく過ごせた。3年間クラスメートも担任も同じ。先生とは友だちみたいだった。いじめもなく、よくまとまった最高のクラスだと先生がいった（ことばの遅れ）。
＊私立女子高校（町田）――楽しく過ごせた。勉強よりは料理・裁縫・編み物などに重点をおく学校。先生も友だちもたいへんよかった。勉強はよくわかったが、学校が遠かった（片道1時間半）（知的障害・てんかん）。
＊武蔵越生高校――とても楽しく過ごせた。先生も友だちもたいへんよかった。勉強はよくわかった。苦労は学校が遠かったこと（軽い知的障害）。

（古賀・右のように、普通の高校にいった10人のうちの8人は、とても楽しい高校生活だったようです。中学までは自分より勉強のできる人たちのなかで自信なく過ごしたでしょうが、高校は同じようなレベルの人々の集まった学校ですから、楽しかったのでしょう。それに、彼（彼女）らはおとなしくまじめなひとたちですから、先生方からもかわいがられたことでしょう。小・中学校も、普通学級と特殊学級の境い目ぐらいの学力のひとびとがはいれる学校があってもいいのに、と思います。
でもよくがんばってこんなに高校にはいれたのね。3～4才のときからでは想像もできなかったですね。)

## 大学や専門学校にいったひとたち

＊二葉栄養専門学校――けっこう充実していて楽しかったようだ。中華料理を1年勉強した。卒業試験で飾り付け技能賞をもらった（自閉的・ことばの遅れ）。
＊国土建設学院土木工学科――18～27才のいろいろな人が全国から集まってきた60人のクラス。2年間の勉強と実習（ことばの遅れ）。
＊日本大学理工学部――一浪して入学、物理学を専攻している（自閉的・ことばの遅れ）。
＊東洋大学――一浪して入学、元気に通学している（自閉的・ことばの遅れ）。
（古賀・すごいね。3才でことばを話さなくて心配していたころ、「幼稚園も無理だ」と云われたり、「障害児だけの通園施設に通うように」などと云われていたのに、都立高校にはいり、大学にまではいれたのね。よかったね。特殊学級にいっていたら、こうはできなかったよね。次には、好きな仕事、やり甲斐のある仕事、ひとの役に立つ仕事につけるよう、頑張ってください。）

作業所にいったひとたちについては、Ⅱの第3章に書きます。

## 「成人に達したひとびと」のまとめ　1997現在



| 番号 | 氏名 | 年齢 | 小学校 | 中学校 | 高校 | 専門学校または大学 | 卒業後 | 苦労したこと | 楽しみ |
|---|---|---|---|---|---|---|---|---|---|
| a. ことばの遅れ・軽い知的障害 | | | | | | | | | |
| 1 | 新田 | 20 | 普通 | 1年2学期から特殊 | 養護 | — | 伍商kk（鉄工所） | 人間関係 | 野球を見る。障害者のクラブ |
| 2 | 西田 | 20 | 普通 | 普通 | 東海大付属望星高 | 二葉栄養専門学校 | ジュリーパスタ，その後やめる | | |
| 3 | 大田・弟 | 20 | 普通 | 普通 | 大検のための学校 | 職業訓練所 | 授産施設 | 面接が苦手。適した職場がない | カラオケ。家族旅行 |
| 4 | 小田 | 22 | 普通 | 普通 | 昭和第一学園 | 国土建設学院 | ヤクルト関連会社 | 人間関係 | オートバイ，カラオケ |
| 5 | 市田・女 | 23 | 普通 | 普通 | 養護 | 職業指導所 | ナガノkk，その後職業指導所 | 人間関係 | 水泳・料理教室・音楽 |
| 6 | 石田・女 | 26 | 普通 | 普通 | 町田の私立高校 | 職業指導所 | 縫製関係の会社，その後職業指導所 | 人間関係 | 友人と電話。テレビ |
| 7 | 清田 | 28 | 普通 | 普通 | 武蔵越生高校 | 中央工学校中退 | トレースの会社，その後再就職 | 人間関係 | 切手などの収集 |
| 8 | 武田 | 20 | 特殊 | 特殊 | 養護 | | 福祉作業所メールサービス課 | 周りの人に恵まれて，とくになし | キャッチボール，テレビの野球・歌番組 |
| b. ことばの遅れ・軽い自閉的傾向 | | | | | | | | | |
| 9 | 堀田 | 20 | 普通 | 普通 | 都立昭島高校 | 日大理工学部 | 物理学専攻の学生 | 人間関係・作文が苦手 | 陸上競技中距離 |
| 10 | 猪田 | 21 | 普通 | 普通 | 養護 | — | パン工場 | | |
| 11 | 溝田 | 22 | 普通 | 普通 | 都立東村山高校 | 東洋大学 | 学生 | 友達とうまくつきあえない | 卓球，テニス |

| | | | | | | | | | |
|---|---|---|---|---|---|---|---|---|---|
| 12 | 北田 | 22 | 普通 | 普通 | 都立高校2部 | 二葉栄養専門学校 | 中華料理店，ついで総菜店店長 | 人間関係 | 絵をかく。テレビ |
| 13 | 奥田 | 24 | 普通 | 普通 | 都立拝島高校 | — | 敷島製パン東京パスコ | 表現力不足 | 卓球，カラオケ，旅行 |
| c. 自閉症 | | | | | | | | | |
| 14 | 牧田 | 22 | 普通 | 3年は特殊 | 養護 | — | 福祉作業所 | | テレビ，音楽 |
| 15 | 木田 | 20 | 普通 | 普通 | 養護 | — | 福祉作業所 | | 車の広告集め |
| 16 | 今野 | 23 | 普通 | 普通 | 都立瑞穂農芸 | — | 宅配便など，その後やめる | 運転免許の学科ができない | 野球をみる。自転車 |
| 17 | 大田・兄 | 23 | 普通・情障 | 養護 | 養護 | — | 福祉作業所 | | 絵をかく。家族旅行 |
| 18 | 島田 | 21 | 特殊 | 養護 | 養護 | — | 福祉作業所 | | 音楽 |
| d. ダウン症 | | | | | | | | | |
| 19 | 船田 | 21 | 養護 | 養護 | 養護 | — | 福祉作業所 | 教師との関係 | テレビ，家族とのドライブ |
| 20 | 広田 | 22 | 4年から特殊 | 養護 | 養護 | — | アラートkk，その後，親の会の作業所 | | |
| 21 | 村田 | 28 | 特殊 | 養護 | 養護 | — | 福祉作業所 | | 合宿，遠足，スポーツ |

普通＝普通学級
特殊＝特殊学級（いまは特別支援学級とよばれる）
情障＝情緒障害児学級
養護＝養護学校（特別支援学校）

このまとめの表をみて下されば分かりますように、

a.の「ことばの遅れ・軽い知的障害」の方は①の新田さん、⑧の武田さん（特殊学校の二年生から来た）のほかは小学校入学の時いろいろ言われましたが中学卒業迄普通学級ですごしました。そして高校や専門学校に進めた人もいます。就職できた人も多くいます。

b.の「ことばの遅れ・軽い自閉的傾向」の人は⑩の猪田さんのほかは全員都立高校に進学し、中には大学・専門学校まで進んだ人もいます。学校を卒業している人は就職しました。そして現在もつづいています。

c.の「自閉症」の人は⑯の今野さんの他は高校は全員養護学校になり、働く場も福祉作業所になりました。

d.の「ダウン症」の人々は中学・高校とも養護学校になりました。一旦就職できた人もいたのですが工場の移転で失業、再就職はできず、福祉作業所に通っています。

bの人で就職した人はみな今もつづいて働いています。しかしaの人々は④の小田さん以外は一～二年で仕事をやめ①の新田さんがその後ヘルパーとして働いている以外は作業所になってしまいました。主に職場での人間関係に悩み、仕事を中断することになったようです。同じ職場のパートのおばさん達にいじめられたと言ってきた人もいます。この人々は機転はきかないかもしれませんが言われたことは真面目にやるのです。弱いところをカバーしながら働かせてくれる職場がもっとふえるといいですね。そのためにも障害者がどんどん職場に出ていって多くの人々に「世の中にはこういう人たちも居る」と知ってもらうことが大切だと思います。養護学校から作業所へ進んだ人も、いろいろ楽しみをみつけ、日々の生活を楽しんでいるようです。

# Ⅱ

# 心配をしていたのに、こんな大人になりました

## ― 幼児期の様子と今の様子 ―

第1章　グループホーム・ケアホームに入り、のびのび楽しくやっています

障害児がだんだん大きくなりその面倒を見ているお母さんや家族が高齢になるに従って、障害児（者）を今後どのように生活させていくのかというのは頭の痛い問題です。小さいころ障害児でも大きくなるに従って問題がなくなり、ふつうに就職して自立した生活ができるようになるならいいのですが、まだ障害が残っていて普通の職業につくことができなかったり、福祉作業所などでごく低賃金で働くような場合、親がいなくなってしまったら、どこに住み、どうやって生活するのでしょうか。

かつては制度として重症心身障害者施設、更正施設、生活訓練施設など大規模なものが多く、そういうひとたちを収容していました。そうした公的施設は数もきわめて少なく、家族と離れた遠い場所にしかないことが多かったのです。それで民間の有志が「グループホーム」というものをつくりだし始めました。政府の方針も、２００５年の「障害者自立支援法」で、なるべく住んでいる家の近くに小さいホームをつくる方向になりました。

「グループホーム」とは、民間の有志や地方自治体などによって設立された宿泊施設です。知的・精神的・肉体的障害者が小グループで宿泊・滞在し、自立して生活する施設です。福祉作業所

に通う人は、ここに宿泊して作業所に通います。世話人がいて、滞在者の食事・洗濯・金銭管理などの面倒をみてくれます。滞在費は、障害者年金や滞在者（あるいは家族）の所得から支払われます。宿泊者はずっと滞在していてもいいし、ときどき実家に帰省してもよい。だから、障害児が大きくなったとき、グループホームにはいることができれば、その子のその後の生活は一応保障されることになり、親は一安心できるのです。

介護が必要な人が入るのは「ケアホーム」と呼び、生活支援員がいて、食事・入浴・排泄等の介護をします。これに対して「グループホーム」は、家事支援、生活上の相談が主です。

## 1. グループホームに入り、お母さんは安心して入院・手術ができた

村井一夫　40歳（ダウン症）

『ぞうさんの部屋』に相談にきたのは、１９７９（昭和54年）、**小学校・特殊学級２年生の終わりごろ**でした。その前に、三歳児健診のときは保健所で相談したことがあります。一夫くんの生まれたあと弟がすぐ生まれたので、１歳９ヶ月から２歳５ヶ月までお母さんの実家でおばあちゃんに育てられていました。

保健所で相談したときには、「幼稚園では行動面では遅いながらもみんなといっしょにできているのだから、たとえ１～２年だけでも普通学級に行ったら」と勧めてみたのですが、「ことばが話

せないのだから、その子なりのことをやらせた方がいいのではないか」というお父さんの考えで小学校は特殊学級にはいったのでした。

しかし学校にはいってみると、特殊学級では、先生は自閉症など手がかかる子の相手に忙しく、おとなしい一夫くんはほとんどほうっておかれるようでした。それに、やることといえば生活訓練のようなことばかりで、ことばの学習などはほとんどありません。一夫くんはことばをほとんど話せないし、知的学習をどうすすめたらいいのだろう、と相談にみえたのでした。

『ぞうさんの部屋』では、はじめ一夫くんは大きな篭型ブランコが気に入って、それに入ったきり出てこなかったりもしましたが、本をみていっしょに歌うのが好きになって、「かえるの歌」「ガッカッカ、「はとぽっぽ」ぽっぽっぽ、「ちょうちょ」、「でんでんむし」、「みつばちぶんぶん」、「もしもしかめよ」、「まいごのまいごのこねこちゃん」など、はじめは口をぎゅっと結んで何もいわなかったけれど、少しずつ声がでてきました。わたしが何も歌わないでいると、ハミングで歌え、歌えと催促します。そしてついには毎回々々ご機嫌で歌って楽しむようになりました（あちこち歌えるところだけ）。

また鳴き真似が好きになり、犬の絵をみせて「なんて鳴くの？」ときくと、「ハイ、ハイ」と手を挙げて、「どうぞ」というと「アンアン」（ワンワンのつもり）などという。これも楽しく声を出す練習になりました。そんな工夫で、ことばも少しずつでてきました。

文字については、クラスで給食袋などひとりひとりに配っているというので、もしかするとクラスの子の名前を読めているのかもしれないと思い、漢字カード（表に絵、裏に漢字が書いてあるカード）の絵をみせてとってもらっていたのですが、その裏の漢字の方でとってもらうことにしました。帰るときにこのカードを10枚貸してやると、1週間後の次の回にはぜんぶ漢字からとれるようになっていました。一度に20枚、30枚貸してやってもみな覚えてきたので、正直なところびっくりし、思わず「えらい、えらい」と褒めたところ、心から嬉しそうにして、それから勉強したい勉強したいという気持ちがでてきたようでした。

それからは50音パズル、かるたのカード、家族の名前のカード、友人の名札のカードなどをひらがなで次々とこなし、文字学習が大好きになり、漢字の読みからひらがなの読み書きができるようになりました。自分の名前はちゃんと漢字で書けます。自宅で自発的に40～50分も勉強するようになりました。

小学校を卒業して中学にはいるとき、特殊学級のある中学にいくには広い道路を横切らなければならないので、家の近くの養護学校中等部にはいることにしました。その方が同じ程度の子がたくさんいて、よく教えてもらえるかもしれないとも思いました。高校も同じ養護学校の高等部にいきました。

卒業後は、市の通所更正施設に通っています。そこでは合宿やスポーツなどもできました。週に2回、「さおり織り」を習っていて、マフラーや袋などを織っています。毎年おこなわれる都内のさおり織りの展覧会にはいつも出品し、また絵画展にもさおり織りを出品しています。毎日、楽しく元気に通所しているようです（１９９７年）。
以下はお母さんからの年賀状です。
●「あさがお」（作業所の名前）に元気に通所しております（２００７・一夫36歳）。
●今年の1月で一夫も37歳になりました（２００８）。
●家族そろって楽しい正月を迎えました。今年もよろしくお願い申し上げます（２００９・一夫38歳）。

（古賀・電話でようすをきいたところ、昨年8月から一夫くんは立川にあるグループホームに入所しました。そこはマンションの1階で、個室をもらってテレビや好きなものを置き、CDを聴いて、ひとりでのびのび暮らしているようです。クリスマス会などがあると舞台に上がり楽器を鳴らしたりするそうです。お母さんが月に2、3回会いにいくけれど、一夫くんは家に帰る気持ちはなく、お母さんが帰るときにはいつも笑顔でバイバイしてくれるそうです。お母さんが昨年8月に胃の手術をしたときには、一夫くんがホームにはいっているので安心して入院できたとのこと。グループホームの滞在費は障害者年金でやっていけるそうです。）

●皆様の健康をお祈りします。本年もどうぞよろしくお願い申し上げます。（２０１０・一夫39歳）

（古賀・この本を書くに当たり、この本にのる方々のお許しを頂くための手紙を出したところ、一夫さんの弟さんから電話があり、今年の5月7日にお母さんが癌で亡くなられたとのことでした。お母さん、一夫ちゃんのこと安心していかれたことでしょう。）

## 2. 施設にはいり落ち着き、クッキーを作ったり楽しくやっています

白井ゆかり　38歳（知的障害・てんかん）

**幼稚園・年長組**のとき、月に何回か幼稚園に見に来ている○女子大の心理相談の方に「軽い自閉症だから就学を1年遅らせた方がいい」と云われたので相談にきました。当時わたしは保健所に勤めていましたが、家が近いのでわたしの自宅に訪ねてこられました。

わたしは、「軽いちえ遅れはあるが、ひとなつこく、小さい子の面倒などもよく見るし、自閉症ではないと思います。ただ、自信のない課題が出されるとのってこないとか、かたくなに無視したりすることで自分を守ろうとするのでしょう。長い人生だから就学を1年猶予してもいいとは思いますが、その1年で追いついたり、それから先が楽になるとかは期待できません。教育委員会に就学猶予を認めてもらうのはずいぶん大変なことだから、今年入学させた方がいいのではないですか」と話しました。

その1年後にわたしが『ぞうさんの部屋』を始めたので、家がとても近いこともあり、来てもらうことにしました。８歳のときてんかん発作があり、以来服薬中です。

**小学校**（普通学級）では、先生から「特殊学級に移れ」などと云われたことはなく、その逆に「心配なことがあったら電話するように」と云われていました。１、２年のときに、友だちにいじ

められたことはあります。しかし休み時間は普通に遊んでいたし、家に遊びに行ったり来たりする友だちも2、3人いました。勉強はどうにかついていきました。『ぞうさんの部屋』にはずっと通ってきていましたが、自分から進んで勉強はせず、ひとの言いなりになるところが心配でした。

お母さんは、「中学は特殊学級にしようかと迷ったことがありますが、いまでは普通学級にしてよかったと思っています。それでとくに問題になることはありませんでした。性格は明るいし、友だちもいました」と云っていました。『ぞうさんの部屋』では、わたしがインドネシアに行っていて留守のときに、わたしの娘が英語と数学とを教え、なにかと相談にのっていたので、「お姉ちゃん、お姉ちゃん」となついていていました。

**高校**は町田市にある私立の女子高校にいきました。勉強よりは料理・裁縫・編み物などに重きをおく学校で、楽しく過ごせました。先生方にもよくして頂いて、**仲の良い友だちもできました**。ただ、通学に片道1時間半もかかるのがたいへんでした。

**卒業後**は縫製の会社に就職しましたが、パートのおばさんたちとうまく行かず、1年半でやめました。その後職業指導所に1年通い、ミシン（縫製）を習いました。職安に通ったが仕事がなく、家にだけ居ても仕方がないので福祉作業所に通っています。楽しみは音楽を聴くくらい。作業所でカラオケの行事がありますが、これはあまり好きではありません。てんかんが進行し、薬も増え、ときどき不安定になったり、混乱したりすることがあります。いま（1997年）はこれがいちばん心配です。

以下はお母さんからの年賀状です。太字はゆかりちゃんの書いたもの。

- **こぶし作業所でがんばっています。逸子さんにもよろしく。今年もがんばります。**
（古賀・逸子はわたしの次女でゆかりちゃんを中学３年間教えたことがある。現在養護学校・高等部の教員）
- すっかりご無沙汰いたし申し訳なく思っております。今年こそは一度お目にかかりたいと存じます（２０００・27歳）。
- 昨年は入院などいろいろあり、たいへんな1年でした。今年は楽しいことがたくさんあることを祈っております。『ぞうさんの部屋』のころを懐かしく思っています（２００２・29歳）。
（服喪中）（２００３・30歳）
- **こぶし作業所でがんばっています。今年もよろしくおねがいいたします。**
- 年齢とともにいろいろな問題がでて、悩み多いこのごろです。少しでも明るくなればと思っています（２００５・32歳）。
- **はがきありがとう。お元気ですか。冬休みで—かぜひいてないかな—いい年になりますようにネ**
（２００６・33歳）。
- お元気のことと存じます。田舎の母の介護などいろいろあり、去年ゆかりも園に入所いたし、元気に過ごしています（２００７・34歳）。

●立川学園に入所して2年くらいになり、やっと落ち着き、クッキーを作ったり楽しく元気にしております（２００９・36歳）。

●**古賀先生、逸子さん、お元気ですか。私もがんばっています。**

●昨年は久しぶりにお会いできて本当によかったです。おからだを大切に（２０１０・37歳）。

（古賀・２００９年、親の会に出席、その席上、お母さんは「ゆかりは、帰宅が自由であり家が近いこともあって、よく帰ってくる。もっと学園生活に馴れ、落ち着いていてほしい」と話しておられました。）

〈２００９年のアンケートの答えからお母さんのことば〉

＊現在ケアホームに入所している。異性への関心はないようだ。

（古賀・親の会にご出席頂き有り難うございました。せっかく普通学級で中学までがんばって、高校も卒業したのに、職場をやめることになり、また発作もおきたりして、ご心配でしたね。お母さん、ゆかりちゃんがいつまでも帰ってこられるように長生きして下さい。）

## 3. ヘルパーさんになり、お年寄りの世話を

新田健二　33歳（知的障害）

**１９８１（昭和56）年３月、３歳11ヶ月**のとき相談に見えました。地元の「ことばの教室」で

「ことばが遅いし恐がりなので、幼稚園に行かせず家で様子を見た方がいい」と云われ、お母さんは迷っていたのでした。わたしは、健ちゃんには保健所で3歳児健診をしたときに会っており、その時の様子などから母子関係はよくついているし、また市の「母子遊びの会」にも楽しみに通っているということなので、幼稚園に行くことを勧めました。

『ぞうさんの部屋』に初めてきたときのお母さんの説明は、食事はひとりで食べるがじっとして食べない、おしっこもうんちも間際になって教えるが失敗することもある、高いところが好きでジャングルジムなどに登る、三輪車は乗れなくてまたいで歩く、鋏は上手に使えるし、小さいレゴを作ったり外したりできる、などでした。また、ことばが遅く、云うのはほとんど単音で、（おにい）シャン、バ（なな）、ベ（ら）（猫の名）、シャ（バス、車）、パパ、ママ、ワンワン　など。要求は指さしでする。こちらの云うことはわかり、反応する、などでした。

『ぞうさんの部屋』では、初めは何をするにもいちいち「いい？　いい？」と聞いたり、「こわい、こわい」と手を出さないところがありましたが、すぐ楽しく遊べるようになりました。

7月ころには、まだ遊びはうまくはないが、ずいぶん意欲的・積極的になりました。ことばも、「うまい」「もういい」「ちい（おしっこ）」「うん（ち）」「～ちゃん」などと云うようになりました。兄が怒っていると、「ハイ」と返事して「ねー」と云ってお母さんの顔をみます。車にみんなが乗ったのに兄がひとり遅れてこないと、「チャーン！」と呼ぶなど、要領もよくなってきました。

**幼稚園**にはいって年長組では本が大好きになり、近所の子どもともよく遊び、自転車に乗って一人でペン習字に通うようになりました。そして、無事、小学校入学の時期を迎えることができるようになりましたので、『ぞうさんの部屋』は終わりにしました。

**小学校時代**（**普通学級**）　成績はまあまあでしたが、いい先生にあたり幸せでした。女の子たちがよく健ちゃんの面倒をみてくれました。勉強は3年生くらいまでは何とかついていきましたが、「余り」のある割り算がでてから、算数がまったくわからないようになりました。

**中学時代**（**特殊学級**）　1年1学期は普通学級にいったのでまったく「お客さま」でしたが、特殊学級のある中学に転校して特殊学級にはいってからは楽しい毎日でした。学科の勉強というよりは身の回りのことの訓練が主でした。

**高校時代**（**養護学校・高等部**）　国語と算数は学力別に教えて頂いたが、他の教科は発達の程度に関係なくみんないっしょなので、軽い子は伸び悩みました。先生の中には、とてもひどい先生がいました。

**卒業後**　普通に就職しました。伍昌㈱鉄鋼所で、重いものをもったり油にまみれたりで、冬は寒く夏は暑い職場で、とても厳しいところです。しかし、からだを動かす仕事なので向いていると思っています。どこへいっても人間関係には苦労しました。楽しみとしては野球をみるのが好きで、ナイターをよく見に行きます。また、地域の障害者の活動グループに参加して、いろいろと活動しています（1997現在）。

（古賀・お母さんはこの活動グループを財政面から援助するために開店した「なかま亭」というお弁当屋でボ

ランティアをしています。将来は障害をもつ人もいっしょに働ける場作りをめざしているとのことです。
その後、以下の年賀状からわかるように、ヘルパーの資格をとり、介護の仕事をするようになりました。）

以下はお母さんからの年賀状です。

●4月から「心身障害者授産事業」を開所するところまでになりました。お弁当作りを仕事にしてともに働く場になります。応援して下さい（2000・22歳）。

●健二も元気に会社に通っています。今年は平和な1年であって欲しいです。民間作業所としてスタートしたお弁当屋さんも、今年「社会福祉法人」となり、新しい作業所が建設されることになりました。寄付金集めがたいへんです（2002・24歳）。

●いろいろあり、健二は仕事を辞めてしまったので、昨年4月から家を出て福生のグループホームにはいりました。いまはヘルパーの資格の講習に通っています（2003・25歳）。

●昨年11月に福生から青梅のグループホームに引っ越しました。同じ系列なので、行事などは今まで通り行っています。ヘルパー3級をとり、福生の方に毎日仕事に通っています（2004・26歳）。

●健二もヘルパーの仕事にだいぶ慣れて、お年寄りたちと楽しくやっています（2005・27歳）。

●昨年ヘルパー2級をとりました。身体介護や当直などにも加わりなかなか大変な様子です。青梅のグループホームから福生のホームまで元気に仕事に通っています（2006・28歳）。

●グループホームの生活もヘルパーの仕事も、いまのところ順調にいっていますので、一安心しております（２００７・29歳）。
●がんばってヘルパーの仕事を続けています（２００８・30歳）。
●わたしは右半身に麻痺がありますが、だましだましやっています（お母さんが脳梗塞から半身麻痺になった）。健二も仕事をしています。ふたりで頑張っています。（２００９年、ＮＨＫのラジオで健二くんの仕事ぶりが放送された）（２００９・31歳）。

〈２００９年のアンケートから、お母さんのことば〉
＊社会人　31歳。鉄工場に就職。給料　こみ16万円くらい。２００３年ころ、うまくいかずやめた。重いものを持つのと、中腰が多く、腰痛がひどくて退社。
＊グループホームにはいっている。1階は男子ばかり6人、2階は老人がときにより何人か入居。健二はそこでの生活を楽しんでいる。グループホームで自立させたい。
＊異性への関心：とても関心がある。ガールフレンドを欲しがる。
＊楽しみ：スキーに夢中。昨年の冬は8回ぐらいスキー場に連れて行ってもらった。
＊その他　5年前にヘルパー3級をとり、それが廃止されるとのことで2年くらい前に2級をとりました。働いているホームは私立なので老化が軽い年寄りも多く、給料はあまりもらえませんが、食事やお風呂の世話などがんばっています。住んでいるのは青梅のグループホーム、働いているのは福生なので、毎日通っています。毎月どこかに出かける行事がありますが、スキーに行きたいの

でいつも留守番を引き受けて冬にでかけています。

（古賀・わたしも岩手に住んでいたときには、冬は毎週末スキーに行きました。健二くんが楽しんでいると思うと、わたしも嬉しくなります。ヘルパーさんになってお年寄りのお世話をしているのですね。腰に気をつけながら頑張って下さい。健二くんならきっとみんなに好かれるヘルパーさんになっているでしょうね。）

## 4. ケアホームでのんびり。お母さんも静かな生活を

木田照男　33歳　（自閉症）

１９８０（昭和55）年12月、幼稚園の園長さんの紹介で、「来年入園する子が自閉症なので、いまのうちから相談にのってもらいたい」とのことで木田照男ちゃんとお母さんが相談にこられました。３歳４ヶ月のときでした。

照ちゃんの家は、お父さん、お母さん、お姉さんと弟との5人家族です。お母さんはとても子煩悩で明るく積極的なのですが、照ちゃんはことばを全然話しません。家では、本当に云いたいときに、ツメタイ、サムイ、オイシイ、アッタカイなどと云ったことがあるそうです。こちらの問いかけには一切答えませんでした。名前を呼べばそばに寄ってきます。要求があるときはお母さんを連れにきます。いつも声は出しません。

食事は握り箸ですが、ひとりで食べます。かなり強い偏食です。おしっこ、うんちは3歳ちょっ

と前からお母さんの手をひっぱって知らせるので、おもらしはしません。衣服の着脱は少しできて、眠くなればひとりで寝てしまいます。

知的興味としては、絵本はほとんど見ないが広告だけは好きで、またテレビのこども番組も喜びませんが、好きなコマーシャルは真似をすることがあります。嫌なものをやっているときには隠れます。

他のひととの関わりを避け、自分一人だけの世界に閉じこもっている感じがします。弟が寄っていくと逃げます。近所の子にも興味を示しませんが、その子の持っているものは欲しがります。からだに触られるのを嫌がり、こちらが遊びに誘ってもやらないし、ことばの真似もしません。

なにかやっているときにそれを遮られると大声で泣き、いつもお気に入りの肌かけ布団がないと眠れません。あまり年中持っているからこの布団は綿もぼろぼろで、カバーは5回もとり替えました。

**『ぞうさんの部屋』には、3歳4ヶ月から小学校入学までできていました。**

1回目。手をつないでバランス台をやろうとすると、するっと逃げてしまいます。動物のはめ絵パズルは、ひとつ取るとひとつ入れます。きちんと片づいていないと気が済まないようです。平均台を坂にしてビー玉をころがすと楽しげにみています。自分でもすこしころがしてみたりしました。しかし、1時間のあいだ、ほとんど声を出しませんでした。

2回目。玉刺し、鋲刺し、はめ絵パズルを自分で取り出しましたが、取り出すだけであとは見向きもしません。そしてわたし（古賀）の手をひいてキーボックスをとってくれと身ぶりで要求し、とってやると鍵をところかまわず差し込もうとしますが、はいらないので無理にひっぱります。やり方を教えるために手をそえようとすると、プイと横を向いてやめてしまいます。

お母さんに、自宅でからだを使った楽しい遊び、たとえば砂場やお風呂で砂かけ、水かけ、お湯かけをしたり、寝る前のころがり遊びなど、家でいろいろしてもらうようにしました。そのうち、前にはお母さんに抱っこしていても弟がくると逃げていたのが、だんだんと弟をどかせて抱っこしたり、両手をひろげて抱っこを要求するようになりました。また「オンブ」と云ったりするようにもなりました。風呂も嫌いだったのに、自分で下着をぬいではいり、のんびりと遊ぶようになりました。『ぞうさんの部屋』でも、だんだんにわたしと手をつなげるようになりました。

**幼稚園**にはいってからも、先生と3年間ずっと連絡をとりあい、週1回わたしが幼稚園に見に行き、先生にも月1回『ぞうさんの部屋』に来て頂き、協力しあって照ちゃんを見守っていました。小学校入学までには少し会話ができるようになり、課題にものれ、文字の読み書きも少しできるようになりました。車が大好きで、車の広告を厚紙に貼り、切り抜いてジグソーパズルを作り、文字を書いてやり、そこから文字を覚えたのでした。

**小学校**は普通学級にはいることができました。担任はいい先生で、「こういう子は普通児のなかでこそ人間関係が育つのだから、普通学級でがんばろうね」と云ってくれました。友だちもよく相手をしてくれ、照ちゃんはなかなか人気がありました。勉強にはついていけませんでしたが、本人なりの努力はしました。1～3年の担任は、照ちゃんのことをいつも職員会議や研究会で学校全体の問題としてくれたので、担任がかわってもスムーズにいきました。

**中学校**も普通学級で、とくにいじめなどはなかったし、先生も友だちも理解がありました。勉強は本人なりのことをしていました。

**高校**は養護学校でした。できてから2～3年の新しい立派な校舎で、先生方も熱心でした。そこでは親も子も気をはることもなく、のびのびとできました。

**卒業後**は、市の福祉センターに通い、初めは生活指導部だったのですが、その後は作業をして働いています。また生活実習班でも訓練を受けていて、陶芸・紙すきなどをしたり、お金の計算の勉強をしたりしています（1997現在）。

以下はお母さんからの年賀状です。

● いつも心にかけて下さり有り難うございます。照男は元気で陶芸・革製品・紙すきなどの作業をしています。恵まれた施設・スタフの方々のなかで、楽しく過ごすことができ、感謝です。大きくなるって、本当に早いですね（2000・22歳）。

● 先生のチャレンジ精神・パワーには驚くばかりです。照男はとても元気でコミュニケーションも年々よくとれるようになりました。車好きは変わりません。ますますお元気でご活躍下さい（年賀状の住所・氏名を照男くんが書いてくれた）（2001・23歳）。

●昨年4月より作業訓練センターの場所が市内の作業所に移りました。作業は陶器・紙袋・割り箸入れなどですが、お小遣い程度のお給料が頂けます。旅行・食事会・映画など、楽しい行事がとても多く、本人は楽しんで通っています（2002・24歳）。
●私の日にはあの若い先生のお姿が残っていますからショックでした（古賀・わたしが東京女子医大で大動脈解離だといわれ入院したことで）。昨年はたいへんでしたね。寒い時期ですからあまり無理をしないでお体にお気を付け下さい。照男の通っている園でも、今年からグループホームに取り組む予定です。照男の場合はそこにはいるのはまず考えられませんが、目標をもって行動することは親にとってもよいことだと思っています（2004・26歳）。
●照男は元気で作業所に通っています。私も近くの石材店に週2回行き、接待や花作りの仕事をしています（多摩霊園の近くに住んでいる）（2006・28歳）。（青年になった照男くんの元気な写真の年賀状）
●照男は昨年の4月から作業所で建てたケアホームにはいり、週末に帰宅します。思いがけず家から10分くらいのところで、いつでも寄れます。本人は個室でテレビを見たり、好きなことができるのでとても気に入っています。家族も一安心です。こんなに早くこんな日がくるとは思わなかったです（2007・29歳）。
●照男も年のせいか、少し落ち着いてきたようです。娘も嫁ぎ、末の子と3人での静かな生活。むかしの騒がしかったのがウソのよう。いま週2回のパートの仕事は楽しいです。趣味に通えるなんて、あのころは考えられなかったですね。先生もどうぞお身体に気をつけて元気でいて下さい（2008・30歳）。

〈2009のアンケートから、お母さんのことば〉

＊社会人　31歳。作業所に通っている。給料　月に一万五千円くらい。ケアホームにはいっている。

＊異性への関心：ホームの50代の女性の寮生のひとに世話を焼いてもらっています。気に入っている女性はいるようだが、「しつこい」と云われている。

＊楽しみ：車のカタログを見ること。テレビを見ること。

（古賀・照男ちゃんがケアホームで落ち着いて暮らしているなんて、本当に夢のよう。世の中も少しずつだけどよくなってきているのかなあと思いました。いつもにこにこ、誰とでも明るくおつきあいができるお母さんの頑張りのお陰ですね。）

## 5. 小・中学校は苦労したけれど、がんばって高校にいけた

田中健太　29歳（知的障害・言語障害）

**4歳半のときから小学1年まで**『ぞうさんの部屋』に通ってきていました。

最初きたころは、ことばをほとんど話しませんでした。パズル・絵カード・トーキングカードな

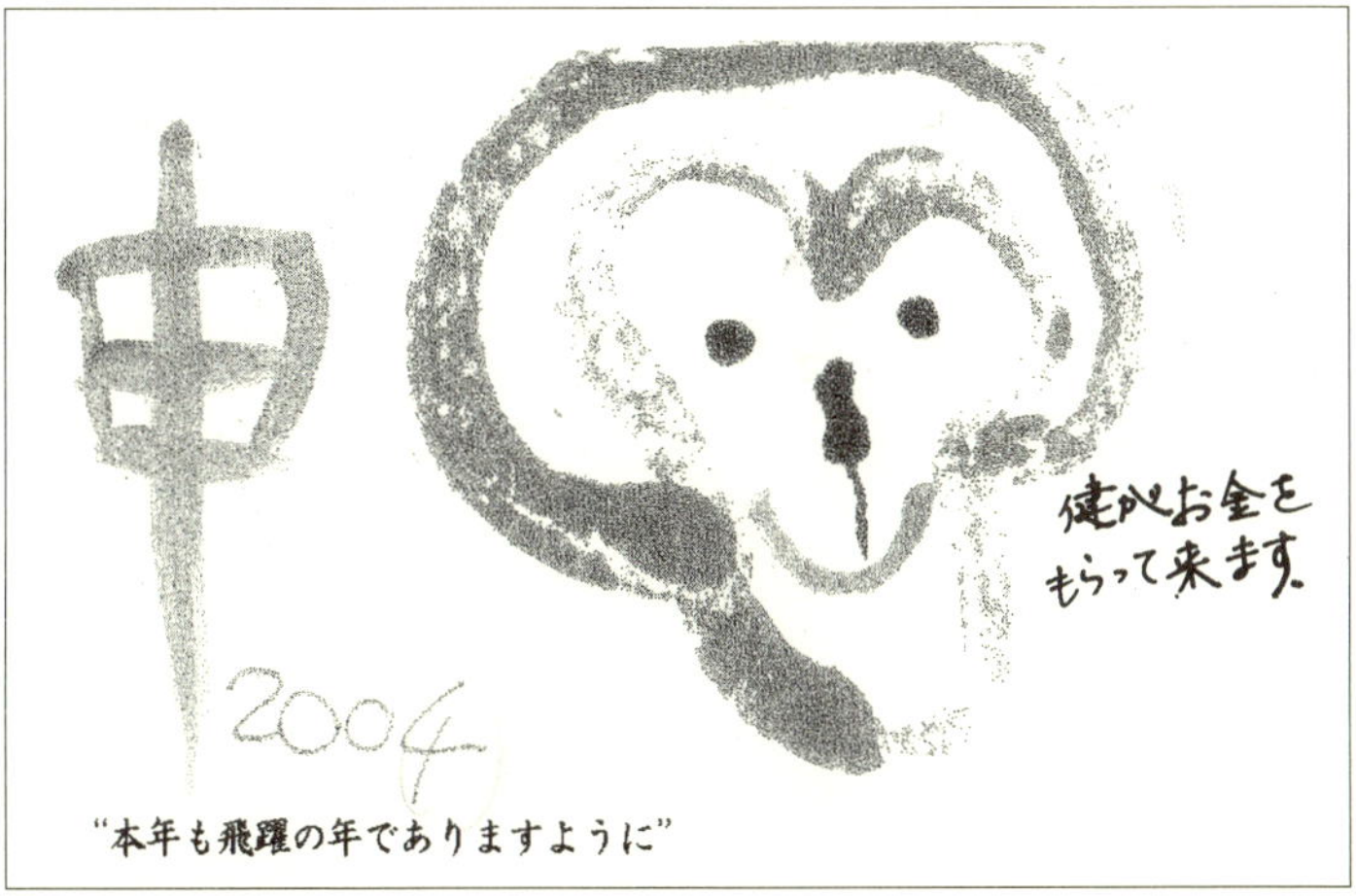
申
2004
健康とお金を
もらって来ます.
“本年も飛躍の年でありますように”

どでいろいろやってみましたが、理解はしても発声をしませんでした。いえるのは、モー、アンアン（ワンワン）、オオ（アオ）、ウン、ママ、マンマ、などだけでした。

行動は落ち着いていました。しかし、いやなことがあるとピョンピョンはねたりして「いやだ」ということを示していました。

それで、お母さんに国立言語リハビリテーションセンター（所沢）を紹介し、そこで毎月1回指導してもらうことにしました。お母さんによれば、センターでは、絵カード合わせや色を覚えることなどをやり、もっと理解力がついてから発声練習にはいるようにする、とのことでした。

また知人が銀座でスピーチセラピスト（言語治療士）をしているので、そこも紹介して月2回みてもらうことになりましたが、これは長続きしませんでした。

『ぞうさんの部屋』では、話しことばだけをのばそうとしてもうまくいかないので、文字を読むことで音の区別もつけやすいのではないかと思い、文字を教えました。その結果、ひらがなはほぼ覚え、自分の名前はかけるようになりました。発音しやすい文字は覚えやすいようでした。声も少しずつ、いろいろ出てくるようになってきました。

**小学校**は、近所の子といっしょの普通学級へ行かせたいということで学校にお願いしましたが、なかなかOKが出ず、お母さんが近所のひとびと350人の署名を集め、その結果普通学級にはいることができました（古賀・よかったねー。お母さんもえらかったねー）。

小学校の先生には、「こんな子はここにくるべきではない」という考えがあるようで、行事や遠足のときなど、いつも親がついていくようにいわれました。1、2年のころは自宅に遊びにくる子もいましたが、先生が健太くんを邪魔者扱いにするので、こどもたちもだんだん離れていきました。勉強にはほとんどついていけませんでした。

**中学**も普通学級にいきました。楽しいこともありましたが、いじめにもあいました。よい友だちもいましたが、いじめっ子もいたのです。2年のときの担任の先生はよかったです。英語が大好きで、ずいぶんいろいろ覚えました。

小・中学校は楽しくないこともあったがとにかく普通学級だったので**都立北多摩高校の2部**にはいれました。もし特殊学級にいっていたら受験資格がなくなっていたはずです。高校では先生にもめぐまれ、友だちもいつも声をかけてくれるし、授業はよく聴けるし、毎日楽しく通いました。いつも門の開く前に一番に行くくらいで、はじめて楽しい学校生活がおくれました。

以下はお母さんからの年賀状です。

●あけましておめでとうございます。健も今年は成人式を迎えます（２００２・20歳）。

●健がはたらいて、お金をもらってきます！（２００４・22歳）（健ちゃんの描いた猿と申のすばらしい年賀状）

●ボストンと東京で家族一同元気に過ごしております（２００５・23歳）。（お姉さんがボストンに留学。健ちゃんの誕生パーティの写真）

●健も元気にしております（２００６・24歳）。（健ちゃんとアメリカ人の写真）

●12月から健がグループホームで自立生活をはじめました（２００７・25歳）。（健ちゃんが花束を抱えた写真）

●健も元気にしております（２００８・26歳）。（ボストンにて両親と姉との写真）

●本年もよろしくお願い致します（２００９・27歳）。

●健はアイパッドを操作して楽しんでおります（２０１１・29歳）。

〈２００９のアンケートから、お母さんのことば〉

＊社会人　27歳。作業所に通っている。月給　3・5～5・5万円。

＊グループホームで自立生活をしている。そこでの生活を楽しんでいる。

＊異性への関心：職場に女性が多いので楽しんでいる様子。女性と会う機会を喜ぶ。

＊楽しみ：音楽。カラオケが好き。テレビゲーム（ボタンを押すのが好き）。水泳。
＊学校現場ではたくさんのつらい経験もしましたが、当たり前に「みんなといっしょに」を選んだ結果、高校にはいることができました。その高校では小・中学校で経験できなかった教師と生徒との人間的なふれあいもでき、大きな喜びとなりました。
高校卒業後はしばらく家にいて先のことが心配な時期もありましたが、いろんなひととの関わりの中から、ともに働く場「自然食品の店〝あしたや〞」というところで働けることになりました。2年前になんとか自立生活にたどりつくことができ、現在は落ち着いた生活が過ごせています。
（古賀・お母さんがまわりの人々に積極的に働きかけたので働く場ができたのですね。えらいなあ。）

グループホームのことは第6章に書きました。

## 6. ダウン症の明子ちゃんも自立生活

——お父さんががんばってまわりの仲間とグループホームを作ってくれました

永井明子　29歳（ダウン症）

1987（昭和62）年11月、5歳11ヶ月（保育園の年長組）のときから『ぞうさんの部屋』に来るようになりました。お父さんもお母さんも、熱心な小学校の先生でした。お母さんは前に自分のクラスのダウン症の智子ちゃんを『ぞうさんの部屋』に紹介されたことがあるので顔なじみの方です。明子ちゃんの入学を前に、親では学習面で十分に教えられないからと明子ちゃんを連れてこられたのでした。

明子ちゃんはとても小柄で、ちょっと身体が弱いような印象でしたが、来てみたら、冬でも半袖のTシャツに短パンでくる本当は元気なお嬢ちゃんでした。ことばもとてもよく話せるし、話し好きで、生活面の心配はないとのことでした。

**保育園の年長組から**小学校１年の１学期までのあいだにひらがな清音は全部読めるようになり、書く練習もしました。２学期には、単語を読んで絵と文字を線で結ぶ、耳から聞いて字を書く、足し算などを勉強し、３学期にはカタカナ、漢字の読みにすすみました。

小学2年のときは、カタカナ全部を読み書く練習、教科書を読むこと、漢字の練習、引き算などを勉強しました。遊びが上手なことは天才的で、男の子の遊びが好きでした。担任の先生は、「障害児は普通学級のなかで社会性を身につけていくことが大切です。たくさんのお友達とまじわるなかで生きていく力が育っていきます」と云っていました。

運動会では、踊り・徒競走・大玉ころがしなどに熱心に参加しました。近所のひとからは、「ほんとに明るいお子さんですね」と、会うごとに褒められていました。運動会の写真をとって届けてくれたひともいます。お母さんは、「もうこの地域からは離れられないな、と思いました」と云っていました。

小学校時代、元気なので男の子の友だちもいました。ただ、とても小柄で歩くのが苦手なので、遠足のときなど本人は行きたいのに学校からは「体力的に無理だ」と云われて悲しんでいたこともありました。

**中学**も普通学級にはいり、楽しく過ごせました。1年と3年の担任はとてもよい先生で、いつも気にかけてくれました。いい友だちにも恵まれ、卒業してからも手紙をもらったり、電話で話し相手になってくれたりもしています。

しかし、勉強の方はほとんど「お客さま」でした。ただ、歌うのが好きなので音楽の時間は楽しみにしていました。苦労したことといえば移動教室のスキーのときで、下見をしたり、事前に練習にいったり、介助員の助けをもとめたりもしました。3年のときの体育祭では、クラス全員のムカデ競争に参加することができました。

**高校**は立川養護学校でした。バスと電車とを乗り継いでの通学でしたが、張り切って通いました。

**卒業**してからは、作業所に通っています（1997現在）。

以下はお母さんからの年賀状です。**太字**は明子ちゃんの書いたもの。

- 今年は20歳になります。福生学園ですのこを作ったり、陶芸をやったりしています。月々8000円の手当をもらって全部貯金しています（2001・19歳）。

●胃の調子が悪く、つらそうです。福生学園でがんばっています（２００２・20歳）。
●ときどき腹痛を訴えています。東中神にある福生学園のパン工房で働いています（２００３・21歳）。
●相変わらず食べては吐くのを繰り返しています。４月からは作業所をかわる予定です（２００４・22歳）。
●腹痛はおさまり、いまは元気に作業所に通っています。今年は生活寮にはいる予定です。先生はお元気ですか（２００６・24歳）。
●明子は生活寮での生活を楽しんでいます。設立に向け、父親が頑張ってくれました。運営にあたってはスタフのあいだで意見があわないこともあったりして、なかなかたいへんそうです（２００７・25歳）。
●とてもステキな生活寮で、楽しく仲間と過ごしています。明子ももう26歳になります（２００８・26歳）。
●**お年賀ありがとうね。べんきょうおしえてくれてありがとうね。またおしえてください**（名前も住所も上手に書けている）（２００９・27歳）。
●前回は親の会に参加できなくて残念でした。また機会がありましたらお声をかけて下さい（２０１０・28歳）。

（古賀・お父さんたちの努力でグループホームができ、明子ちゃんはいまそこでの生活を楽しんでいます。くわしくは第6章に書きました。）

〈2009年のアンケートから、お母さんのことば〉
＊社会人　27歳。作業所に行っている。給料　月九千円くらい（日給450円）。
＊いまは、父親が運動してつくったグループホームにはいっている。
＊異性への興味：あまりないようだ。異性への関心よりも同性の支援者や指導員への依存傾向がある。
＊楽しみ：アニメ系のビデオを見る。音楽を聴く。手紙を書く。カラオケでストレス発散。
＊気になること：数年ごとに十二指腸潰瘍を発症すること。この再発を防ぐことが目下の課題。親が忙しくて目が届かなくなると不安になるようだ。
（古賀・健康はいちばん大切です。もう再発しないといいですね。お父さんたちで作ったグループホーム、いつか何人かで見せて頂きに伺うかも知れません。そのときはよろしくお願いします。）

## 7. 明夫くんは今ケアホームでいきいき生活しています

**吉田明夫**　27歳（自閉症）

1988（昭和63）年9月、**4歳7ヶ月から小学校入学まで**『ぞうさんの部屋』にきました。祖

父母・叔父二人（30歳と21歳）・両親・弟（3歳）・本人の８人家族。一家はガソリンスタンドを経営、お母さんもそこで仕事をしている。

はじめてきたとき、ことばはほんの少し（クルマ、ブランコ、ゴハン、オミズ、プール、オフロ、トケイ、ジテンシャ、テレビ、カセット、リンゴ　など）。名前を呼んでも知らんぷり。要求があるときは指さしをする。お母さんの云うことに反応しない。まるで会話にはならない。絵本をみながら、「これなに？　これなに？」と云うのは好き。同じことばかり繰り返す。

テレビは、コマーシャルはよく見る。カセットテープで音楽を聴くのは大好き。遊びは、ボール遊びか砂場が好き。

困るのは、髪の毛を洗ったり切ったりするのをとても嫌がること。また、飛行機の騒音をとても嫌がる（家が横田基地のそばで騒音がひどい）。暗いところを嫌がる。左手にいつも何か持っていて、手を使った遊びはできない。

心配なことは、ことばが遅いこと、集中力がないこと、遊びに誘ってものらず、自分から遊ぼうともしないことなど。『ぞうさんの部屋』では工夫しながら入学まで相手をして、小学校は普通学級に入学できました（『ぞうさんの部屋』は１９９０年3月まで）。

**以下はお母さんの書いた記録から。**

**小学校の1年から4年の1学期まで**は普通学級でした。1年のときは女の先生で、プリントをつくってくれたがやらないことが多く、教室内をうろうろするので、親もいっしょに教室についていることが多かった。2年で男の先生に代わり、家からもっていった学習をやらせたが、やはりあまりやらなかった。親はいつもついていたわけではないが、先生が居てくれと云うときは教室に残った。給食はいっしょに食べたが、好き嫌いが多いのが悩みだった（保育園の2年間、給食はほとんど食べていなかった）。

3年ではとても明るい女の先生に代わり、授業のときも給食のときも「お母さんはこなくていい」と云われ、送迎・図工と音楽以外はお任せした。運動会の練習、遠足などのときはついた。いたずらばかりでほとんど勉強はしなかった。この先生には精神的にもずいぶん助けられた。

4年でとても厳しい女の先生になり、本人も「すこし違うぞ……」という感じ。座って少し字を書いたりもしたが、授業に飽きてくるとどたばたするので、一生懸命やっているまわりの子には「うるさいやつ」と思われていたかも知れない。本人にしてみれば訳の分からぬ授業で叱られ、他の子にちょっかいを出しては叱られ、つまらなかっただろう。しかし登校したくないとは云わなかった。

親の再婚（夫が死亡、夫の弟と再婚）、3男妊娠などもあり、普通学級を続けるのは無理だと考えて4年の2学期から特殊学級に移った。特殊学級では15人の子どもを担任3名、介助1名で、その子にあった勉強を教えてくれた。前にはプールにはいるにも親がいっしょだったが、先生にまかせた。好き嫌いが多かったのに給食を全部食べるようになったのがなにより嬉しかった。6年生になってからはひとりで通学できるようになった。特殊学級では他の子もいろいろ問題があり、大きくなっているのでトラブルが難しいこともあった。

4年生のときから、コロロ塾（自閉症児の教育を熱心にやっているところで、古賀がインドネシアに行くことになったので紹介した）に通った。小5までは月4回通ったが3男が生まれたので1年間休み、月1回のマキシムコースに通った。

**中学**は特殊学級がいいか養護学校がいいか悩んだが、結局特殊学級にはいった。国分寺（コロロ塾は西国分寺にある）まで通うのはむずかしくなった。中学1年の9月からはひとりで電車通学をしている。学校では学習は少しで、あと合宿とかハイキングなど。朝、体操やマラソンをやってくれるのは有り難い。小学校の先生方があまりによかったので、中学ではとかく嫌なところばかりが目につきがちだ。友だちが親切に手をさしのべてくれたりするのに率直ではなく、暴力をふるったりしそうになる。体力がついてきただけに心配している（1997）。**高校**は養護学校高等部にすんだ。

以下はお母さんからの年賀状です。太字は本人の書いたもの。

●明夫も高校に慣れ、いろいろなことをやってくれ心配させますが、本人はとても学校が楽しいようです。将来のこと、日々のことなど不安はありますが、元気でやっています。先生もお大切に（2000・16歳）。

●春には高3になります。社会にでることを親が手助けしてやらなければと思います。大きくなると難しいこともでてきますが、本人は学校は楽しいらしく元気に五日市線に乗って一人通学しています。立川マラソンに担任の先生が伴走してくださって走る予定です。あまり焦らずにやっていきます（2001・17歳）。

●今年は社会人になります。どうなりますか心配です（2002・18歳）。

●明夫も元気に昭島にある作業所に毎日歩いて行っています。ときどき発作があり心配なこともありますが、なんとかやっています。今年は成人です。大きくなりました（2004・20歳）。

●昨年4月から「こまくさ工房」という作業所にいまも通っています。高3のときは就職先もなく、職場実習してもうまくいかず、どうなるかと心配しましたが、いまは周りの人もよく見て下さって、歩いて作業所に通っています。体力がありあまってときどき指導にのれないことがあるみたいです。木工作業や農作業が中心です（2005・21歳）。

●いまは明夫にあったところなので、うまくいっています（2006・22歳）。

●あとは家庭のなかでうまくやれるかということです（2007・23歳）。

●**ぼくは元気です**（宛名も本人が全部自分で漢字で書いてきた。牛の絵も）（２００９・25歳）。

●**新年明けましたおめでとうございます。そうせい学苑で楽しくやっています**（２０１０・26歳）。

（古賀・そうせい学苑で勉強している様子。表書きも本文も上手に書いてくれた）

〈２００９年のアンケートからお母さんのことば〉

＊社会人　25歳。ケアホームに入っています。そこの生活を楽しんでいる。

＊異性への関心：興味はないようだ。以前、小さな女の子に興味があったが、今はない様子。

＊楽しみ：車に乗ってドライブすること。レストランで食事すること。電車に乗ってどこかへ行くこと。

＊気になっていることは、いまも発作があり、以前より間隔が短くなっているので心配。

# 第2章 就職して働いています

この人たちが小さいとき、ことばを少ししか話さず、「普通学級にはいれるかどうか」とお母さんが心配していたとき、将来就職してちゃんとお金を稼いでくるようになると想像できたでしょうか。いまは社会の立派な一員としてはりきって仕事をしています。

どうぞ彼等のいいところを評価し、足りないところをカバーして下さって、この人たちがますます張り切って働き続けられるよう応援して下さい。

## 1. 給料が安くて自立生活は無理かな？

清田　昇　41歳（知的障害）

3歳のときから小学校入学までは保健所で、**小学4年から6年まで**は『ぞうさんの部屋』で相談にのりました。

3歳児健診のときは、まったくことばが出ていませんでした。そのころ『ぞうさんの部屋』はまだ始めていなかったので、あちこち相談にのってもらえそうなところを紹介しましたが、どこでも「様子をみましょう」と云うばかりでした。保健所で毎月1回ずつ話し合っているうちに、4歳過ぎからぼちぼちことばを話しはじめました。

小学校は普通学級でしたが、先生にも友だちにも恵まれ、勉強はあまりできませんでしたが、楽しくすごせました。ことばが遅いので、「ことばと聞こえの教室」に毎週１回、１年くらい通っていました。

『ぞうさんの部屋』を始めたころは、気が弱く、友だちも居ず、妹とばかり遊んでいました。お母さんから、学校の勉強についていけないのでときどき電話で相談されていましたが、家も近く、ひとりで来られるので『ぞうさんの部屋』に来てもらうことにしたわけです。

中学も普通学級にいき、勉強はあまりできませんでしたが、先生も友だちもよかったので楽しく過ごせました。ただ、あまりたくさんの友だちはできませんでした。中３のとき、受験準備のため古賀が家庭教師を紹介しました。

高校は**私立武蔵越生高校**で、とても楽しく過ごせました。勉強はよくわかり、普通の成績で、先生も友だちもたいへんよかったのが幸いでした。ただ、遠いので通学には苦労しました。

高校卒業後、**中央工学校**という専門学校にいきましたが、そこでの生活にはあまりなじめず、中退しています。その後、トレースの仕事の会社に就職しましたが、１年でやめ、いまは少し遠いところへ勤めているとのことです（１９９７年現在）。

以下は**本人からの**最近の年賀状です。小学生のころから１年も休まず毎年本人が書いて送ってくれます。
●お元気ですか。昨年も遊びに行かれませんでした。申し訳ございません。今年はぜひ行きたいと思っています。くれぐれもお身体にはお気をつけ下さい（2001・31歳）。
●同右（2002・32歳）。
●お元気ですか。いつの日か遊びにいきたいと思っています（2004・34歳）。
●お元気ですか。いつの日か会いたいものですね。なかなか会える機会がありませんが、もし会える機会がありましたらお電話します（2005・35歳）。
●同右（2006・36歳）。
●お元気ですか。いつの日かはお会いしたいものですね（2007・37歳）。
●お元気ですか。いつの日かはお会いしたいものですね（2008・38歳）。
●お元気ですか。いつの日かはお会いしたいものですね（2009・39歳）。
（古賀・毎年々々「会いたい」と書いてくれるのですが、もう20年以上会っていません。ぜひ西荻窪駅で降りて、電話して下さい。駅まで迎えに行きます。わたしが立川に住んでいたときには、何回か遊びにきてくれて、高校生のころ、白石ゆかりさんといっしょにおしゃべりを楽しんだこともあります。）

〈2009年のアンケートから〉（これはお母さんが書いた）
＊社会人。39歳。就職　日雇い派遣。月収　一万二千五百円くらい。

＊親が弱ってきたら：グループホームなどで自立に近い生活をさせたい。まだそのために何もしていない。
＊異性への関心：女性と会う機会がない。
＊気になること：今のところ困らないのですが、自立となると今の収入では無理ですし、住み込みで働くところがあれば、とか考えたりしています。仕事は自分で探してがんばって働いていますので、この仕事を続けさせたいと思うのですが、収入、仕事が不安定なことが心配です。

（古賀・障害者年金はもらっていないのでしょうか。最初からきちんとした字で自分で書いた年賀状がきて、お母さんとは没交渉でした。30年ぶりくらいで親の会に出席して下さり、お話ししました。**障害者年金取得の方法**は第6章に書きました。でも昇ちゃんは知的に少し高いから、落とされるかも知れませんね。しかし、いまの収入ではたしかに自立生活は無理ですね。障害者年金が無理なら、生活保護費をもらって所帯をもってもいいのではないかしら。本人だけにまかせておかず、お母さんからも**障害者就労支援センター**に相談されてみてはどうでしょうか。）

## 2. パン職人として、「ぞうさん」卒業生一番の給料取り

奥田直正　38歳　（ことばの遅れ・自閉的傾向）

三歳児健診のとき、ことばを話さない、真似もしない、気持ちが通じ合わない感じがする、こだわりが強い、自閉症ではないか、と心配していました。保健所では毎月相談にのっていましたが、

6歳になってもことばが少ない、発音も幼い、家で数や文字を教えようとしてもやる気を示さないし、幼稚園では「なにをやってものろい」と云われたとのこと。普通学級でやっていけるだろうか、と心配して来室しました。

しかし、『ぞうさんの部屋』ではなんでも熱心にやり、じきに心配なくなりました。

**小学校**（普通学級）で1、2年のときはいじめられたこともありました。3年のときの先生にはとても助けられました。友だちは近所に同学年の子が6～7人いて、よく遊んでいました。パソコンなどで対等に遊びます。ただ、会話が下手で、順序だてて説明することが苦手でした。

**中学校**も普通学級で、卓球クラブにはいってレギュラーで活躍しました。1年のときの担任が明るい性格で、しっかりと見てくれていました。友だちを家に連れてくることはありませんでしたが、クラブの友人はいて、今でもときどき会っていっしょにお酒をのんだり、カラオケに行ったりしています。

勉強は普通でした。苦労した点は、そのころ学校が荒れていたのでいじめにあわないかと気を使ったことでした。2年のとき、背中に虫ピンを刺されるということがありましたが、すぐ対処して2日で決着しました。

**高校**は**都立拝島高校**にいきましたが、あまり楽しくはなかったようです。よい友人もできませんでした。卓球部がなかったのでバスケット部にはいりましたが、1年でやめてしまいました。勉強は普通でした。下校後、ふらふらしていてもまずいので、バイトをするようにしました。

**卒業後**は、敷島製パン東京パスコに就職、パンの製造をしています。仕事を覚えるまでがたいへんだったようですが、いまは楽しく働いています。真面目さが取り柄で、まわりの人々も親切にしてくれています。いまは会社の寮に住んでいて、毎週月・火が休み、月に3回は家に帰ってきます。年に2、3回する旅行が楽しみで、あちこちに行っています（1997年現在）。

以下はお母さんからの年賀状です。

- 直正も27歳になりました。元気に働いています。良い年でありますように（2000・27歳）。
- 直正も相変わらず仕事に、趣味に、がんばっています（2001・28歳）。
- 直正も元気に働いております（2004・31歳）。
- お元気のことと存じます。なかなかお会いすることができません。直正も今年33歳になります。仕事に、旅行に、釣りに、楽しんでいます（2006・33歳）。
- 直正も元気に働いています。お元気のことと存じます（2008・35歳）。
- 今年は直正、「年男」です。早いものです。いろいろ有り難うございました。元気に働いております。現在、神奈川県の寒川に居りますが、6月には埼玉に転勤が決まりました。昨年、寮をでて一人住まいを始めたところでしたが、5月には引っ越しをしなければなりません。一人住まいはいろいろ経験できて少し大人になったようです（2009・36歳）。
- 昨年は有り難うございました（親の会に出席した）。直正は元気に働いております。先生は風邪などひかれませんように。今年もよろしくお願いします（2010・37歳）。

〈2009年のアンケートから、お母さんのことば〉

＊年齢　35歳。就職　パン製造。給料　約23～25万円。

＊親が弱ったら自立していけると思う。

＊異性への関心：女性に会う機会がない。結婚したいと思っているようです。

＊楽しみ：旅行・魚釣り・料理。とくに友人と釣りをしています。

＊気になること　ニュースなどでよく見ているようで知っているのかな～と思っていると、意外なことを知らなかったりして、バカなことをしてしまい、驚かされます。言葉の遅れから、いまだに人との会話が苦手のようです。焦ってどもることもあります。コミュニケーションを上手にできるようにするにはどうしたらよいのか、気にかかっています。

（古賀・アンケートしてみたら最高給とりでしたよ。生活が安定したら、次は結婚したいと思うのは自然なこと。お嫁さんを探してあげて下さい。待っていては月日がたつばかり。なにか行動を始めて下さい。伴侶がいた方が生活に張りがでます。両親のいない老後も淋しくないですもの。）

## 3. 得意の車で営業や調査に走りまわっています

小田康夫　35歳　（ことばの遅れ）

**4歳3ヶ月**からずっと『ぞうさんの部屋』に通っていました。幼児期には、発音が非常に不明瞭だったがことばは少し話せていたし、真似もだいぶできていました。しかし、幼稚園でなかなかみんなと同じようにできず、お母さんが先生に呼ばれたり、注意されたりが続いたので、家がごく近いこともあって通ってきていたのです。

**小学校**は普通学級にはいりましたが、ことばが遅かったので低学年のときはいじめられ、手にあざをつくったりしていましたが、高学年になるにつれ、問題はなくなりました。2年生のとき、ドッジボールの球がとれたとき、先生に初めてほめられて、やればできるという自信がついたようです。3～6年の担任はいい先生でした。ことばがあまり出ないので、ホームルーム、お楽しみ会などで司会するときは苦労したようです。

**中学**（普通学級）では、1年生のときは消極的でしたが、2、3年生では積極的になり、明るくなりました。先生については、3年間ずっと男のいい先生に恵まれました。とくに3年のときの先生とはいまでも親しくしています。

勉強はまあまあでした。中学では親友ができ、いまでもなにかと連絡をとりあっています。そのうち4人はバイク仲間です。なんといっても中学時代がいちばん楽しかったようです（中学の3年間は、古賀の娘が英語と数学とを教えていました）。

**高校は昭和第一学園高校・建設科**で、これも楽しく過ごせたようです。3年間、先生はまるで友だちのようでした。いじめもなく、「よくまとまった最高のクラスだ」という評判でした。勉強については、運動は苦手でしたが、その他はよくできました。2年生ではクラスの議長、3年生では風紀委員でした。学校から注意されたことは一切ありません。3年間、休まず登校しました。

苦労したのは、タバコ、バイクなど、悪いとされていることを友人と隠れてやっていたこと。1年からバイトをしてバイクを買い、中学の仲間と走っていました。ただし暴走族ではありません。

**卒業後、国土建設学院・土木工学科**という専門学校にはいりました。18〜27歳のいろいろな人が全国から集まってきた60人のクラスで、2年間実習と勉強をしました（1997年現在）。

以下はお母さんからの年賀状です。

- 結婚こそしていませんが、きちんと仕事をし自立した生活をしています（1997・21歳）。
- 康夫は元気に休まず働いています（2002・26歳）。
- 新年のおよろこびを申し上げます（2003・27歳）。
- 康夫も仕事をがんばっています（2004・28歳）。
- 初春のお喜びを申し上げます（2005・29歳）。

●康夫はまだヤクルトの分析センターで頑張っています。私は仕事で今回は出席できません（２００８・32歳）。
●息子はまだ結婚していません（一生独身でしょう）が、自立してヤクルトで仕事を頑張っています（２００９・33歳）。

## 4.「男は仕事しないとね」とがんばっている

大田昌二　33歳（知的障害）

『ぞうさんの部屋』には、５歳７ヶ月から小学校入学決定まで通いました。この子のお兄さんは自閉症の大田頼一くんで、両親の注意がお兄さんの方に向いていたので、どちらかというと放っておかれがちでした。昌二くんは、いつも口をぽかんとあけ、よだれを流しているという感じでした。お母さんは、「甘えが強く、自信がなく、落ち着きも集中力もなく、幼稚園では絵も工作もせず、何を教えようとしてものってこない」ということで来室されました。

『ぞうさんの部屋』では色・形・数の基本から始めましたが、名前のパズルに興味をもち、まもなくひらがなの読み書きはできるようになりました。学習をすすんでやるようになり、褒められるととても嬉しそうで、夢中になってやります。**小学校は普通学級に**はいることができましたが、一家が茨城県に引っ越したので来室はできなくなりました。

**小学校**では勉強についていくのがたいへんで、あまり楽しくはなかったようです。友だちとは遊ぶことができました。

**中学も普通学級**で、週に3回家庭教師にきてもらい、塾にも通いましたが、はいれる高校はなかったのです。それで、上野にある大検の準備校（高校の内容を教えてくれる）に3年間通いました。しかし阪神大震災があって土浦から上野まで通わせるのが心配になり、近くの学校にもう1年通わせましたが、英語と理科とが合格できず、大検の資格はあきらめました。

それ以後は職業訓練所に3週間通い職安にも何度もいきましたが、就職口がみつからないので、授産施設に通いました。仕事はできるが、人間関係がうまくできません。

昌二はカラオケが大好きです。家族4人でマレーシア、ハワイなどに旅行したこともあります（1997）。

以下はお母さんからの年賀状です。

- 昌二が昨年就職できました。毎日がんばっております。いじめがありませんので、楽しく通っています（2008・30歳）。
- 昌二は毎日仕事をがんばっています。いじめもないところなのでホッとしています（2009・31歳）。
- 昌二もがんばって仕事をしています。ストレス解消のため、家ではとても甘えます。会社でもいろいろみたいです。工場長がとてもやさしいので助かっています。毎日必ずできごとをよく話してくれますので、よくわかります。いまは朝暗いので車で送っています（2010・32歳）。

〈2009年のアンケートから〉
＊31歳。就職している。寿司しゃり工場。給料は11万円くらい。
＊親が弱ったら自立していけると思う。
＊異性への興味：女性に興味はないようだ。
＊楽しみ：ゲームボーイ。DSを休みによく夢中でしています。父のもってくる仕事も休みによくやっています。本人は「男は仕事しないとネ」と云ったりして、がんばっています。
＊気になること：いまの会社はとても人間関係がよく、がんばって働いています。このまま勤められればいいなと思っています。

## 5. 順調にいっていたのに、大人になって人間関係でつまづいた

沢田　茂　30歳（自閉的傾向・ことばの遅れ）

『ぞうさんの部屋』には1986（昭和61）年5月、5歳3ヶ月のとき、会話が少ない、理解力が弱い、全体的に幼いなどで、小学校は普通学級にはいれるか心配だ、ということでこられました。

これまでの様子をきくと、三歳児健診のときことばを話さなかったので東大病院小児科で調べてもらったら、脳波には異常なしとのこと。それ以来、東大教育心理研究室で週1回のカウンセリング、隔週にスピーチセラピーを受け、4歳になってからも毎月1回通っているよし。

お母さんによれば、「単語は200〜300、2語文・3語文が云える。名前を呼ぶと返事をする。何かしてもらいたいときには、ことばで云う。簡単な指示には反応する。そのとき、おうむ返しをするのが前よりは減ってきている。自発的に云えることばは、ひとの名前、気にいったことばなどにかぎられ、会話が少ないし、気が向かないと答えない」。

「絵本にはあまり関心をしめさず、絵は顔らしいもの、花らしいものなどを描く。テレビは「ポンキッキ」が好きで、CMやアニメの歌や幼稚園で習った歌がうたえる。数は20まで唱えられ、100まで読める。ものの数は10くらいまで数えられる」とのこと。

『ぞうさんの部屋』では、文字の読み書き、なぞなぞ、しりとり、反対ことば、数の勉強、多い―少ない・高い―低いなど量の比較、本の読み聞かせ、形容詞・副詞の勉強などをしましたが、スピーチセラピーなどを受けた経験があるからか、ちゃんと落ち着いて学習できました。そして、小学校に入学するときまでにはことばは普通に話し、読み書きもできるようになり、普通学級に問題なく入学できました。その後、1年生のあいだは通ってきていました。

**小学校時代**は、低学年のときは楽しかったが、高学年になるといじめもあったようです。6年間、ずっとよい先生に恵まれていたのはしあわせでした。友だちとはよく遊んでいたが、上下関係がありました。勉強はよくがんばったけれど、成績はそこそこでした。お母さんは家庭学習を長時間つきあってやって、たいへんだったようです。

**中学**も普通学級でした。1年のときは楽しそうだったが、2年のときにはひどい目にあったようです。1年のときの先生はたいへんよかったが、2年ではこわい先生、3年のときはまあまあ。中学で新しい友だちはあまりできず、小学校のときの友だちとなかよくしていました。勉強は、数学はよかったが、それ以外はよかったり悪かったり。英語はまったくだめ。個別指導の塾に通うようになって、お母さんは解放され楽になりました。

**高校は都立清瀬高校**で、毎日とても楽しそう。1年のときの先生はとてもよかった。友だちはたくさんできた。勉強は、英語以外はまあまあ。部活では、合唱部の部長をしていた。ちょっと遅い反抗期のようで、よく「むかつく」と云っていた（１９９９年）。

以下はお母さんからきた年賀状です。

- 茂は社会人になり、コンピュータの仕事をしています（２００２・21歳）。
- 茂は毎日趣味の音楽に、仕事に、はりきっております（２００３・22歳）。
- 茂は元気に仕事を続けております（２００４・23歳）。
- 茂は会社の近く（東池袋）でひとり暮らしをはじめました（２００６・25歳）。
- 茂は26歳になります（２００７・26歳）。

●茂は仕事が忙しすぎてすこし疲れ気味です（2008・27歳）。

●茂は毎日長時間労働が続き、好きな人ができる余裕がありません（2009・28歳）。

（古賀・アスペルガー症候群で、ひととのつきあいが下手、苦手。職場で外部の会社へパソコンを納め、その説明の仕事になり、うまくいかず、ストレスで鬱病になり、心配だとお母さんからせっぱつまった電話があり、「大人のアスペルガーとの接し方」などの本を貸したり相談にのったりした）

●昨年はたいへんお世話になりました。茂は仕事をやめ、一人暮らしもやめ、家に戻りました。ストレスから解放されてとても元気になりました。もうしばらく失業保険をもらいながらのんびり過ごさせていくつもりです（2010・29歳）。

〈2009のアンケートからお母さんのことば〉

＊年齢　28歳。就職している。システム・エンジニア。給料　16～17万円くらい。

＊親が弱っても自立していけると思う。

＊異性への関心については、女性と会うチャンスがないようだ。

＊楽しみとしては、音楽（ロックなど）が好きで、楽器をもっているが、いまは仕事が忙しくて楽しむ暇がありません。

＊気になっていること：仕事は長時間労働で、たいへんな割には給料が少なく、いろいろ不満もあるようです。

（古賀・小さいときから茂ちゃんは物覚えもよく、お母さんからよい知らせばかり受け取って安心していたのですが、対人関係がうまく築けなかったようで苦しみましたね。次には外交的な仕事ではなく、苦手なところを理解してくれて得意なところを発揮できるような仕事がみつかるといいですね。）

## 6. 松屋で職員として働き、ユニークで可愛らしい陶芸も

久住正夫　29歳（ダウン症）

はじめて『ぞうさんの部屋』に来たのは、**1987**（**昭和62**）**年**、**6歳9ヶ月**のときでした。小学校・普通学級の2年生の2学期です。ダウン症の男の子ですが、にこにこして、お話もはきはきしていました。お母さんは、「学校の先生との関係について相談にのってほしい」、「ちょっとしたことに執着したり、ぐずったり、怒ったりするので、接し方が難しい子なので、家で教えられないから教えてほしい」ということでした。絵本をみるのは好き、なかでもマンガが大好き。童謡も大好き。よく、なにかをマイクのつもりで持って歌います。洗面・排泄・着替えなど身のまわりのことはひとりでできました。

**小学校2年生**の10月末でしたが、文字はまったく書けませんでした。まず自分の名前からはじめ、お父さん・お母さん・姉さんの名前を書けるようにして、順々にひらがなを覚え、清音はだいたい読めるようになりました。3年生になったときには、ひらがなはぜんぶ読め、ほとんど書くことも

正夫君の作った陶芸作品

できるようになりました。

数については、10までの数がわかり、読んで書けるようになり、絵の数をかぞえてその数字を書けるようになりました。

お母さんが勤めていることと、その教え方がよいこともあって、家事の手伝いをとてもよくします。茶碗を洗って拭いておく、洗濯物をとりこみ畳んでおく、お使いもする。

3年生のときの担任はとてもいい先生で、学級懇談会では「正夫くんのおかげでとても仲良くいいクラスになった。クラスの潤滑油の役を果たしている」と云ってくれました。2年生のときとは大違いでした。また正夫くんも少し勉強がおもしろくなってきたようでした。しかし、たまには教室から抜け出して視聴覚室や保健室にいってしまうこともあるそうでした。

**中学2年**までは普通学級でがんばったのですが、中2のとき数人の生徒に学校の屋上に連れ出されて乱暴されたとのことで、特殊学級にかわりました。

**養護学校高等部**を卒業したあと、クリーニング屋に少しつとめ、その後障害者職業訓練所を経て、松屋フーズに就職しました。卒業後すぐにもっと勉強をしたいと、仕事を終わって夕方6時からまた『ぞうさんの部屋』にくるようになりました。週1回、毎回1時間、6年間ずっと通い続けました。主に、国語・算数・日記・読書をやりました。

いつもきちんと時間通りに来て、宿題も欠かさずやってきました。6年間、1日も欠かさず日記を書き、持ってきて読んでくれたので、日頃の生活もよくわかりました。とくに感心したのは挨拶です。来たときには「今晩は。よろしくお願いします」。帰るときには「有難うございました。先生、風邪をひかないように気をつけて下さい」とか、旅行に行く話をしたときには「旅行、気をつけて行ってきてください」。また親戚に不幸があっていかなければというと、「ご愁傷様です。気を落とさずに気をつけて行ってきてください」などと、大人顔負けの挨拶ができ、お母さんのしつけのよさにいつも感心していました。うちの孫たちはこんな風に云えるのかしらと心配になるくらいです。


以下はお母さんからの年賀状です。
●この春、正夫は成人式を迎えます。この作品は昨年正夫が作ったものです（２００１・正夫19歳）。
（正ちゃんの作った陶芸作品の写真。新宿・京王デパートで陶芸の先生と作品展をしたことがある。お母さん

は正ちゃんの作品を常時展示して売ってやりたいと喫茶店をひらいた）
●お体の具合はいかがですか。正夫は松屋でがんばっています（２００４・正夫22歳）。
●正夫はお正月も休まず、元気に働いて過ごしています（２００５・正夫23歳）。
●この写真は、正夫がつくった陶芸の家です。今年は個展をひらく予定です（２００６・正夫24歳）。
●自動車の免許に、結婚にと、正夫は希望をもっています（２００７・正夫５歳）。
（古賀・「今年中に免許をとりたい」といわれたので、お母さんに連絡し、「今の状態では無理なのだけど、どうしましょう」と話したら、『ぞうさんの部屋』をやめて家で勉強させますということになった。正くんは、最後の日に、「夜ぐらい家でのんびりしたいよね」といって帰った。

結婚については障害者の結婚の動きについてお母さんはずいぶん調べておられた。お見合いもしたそうです。仕事については、中学まで普通学級に通っていたので職場での人間関係もうまく切り抜けているようです。）
●お陰様で店（前記、お母さんのひらいた喫茶店）も順調にいき、忙しい毎日を送っています。正夫の陶芸もすこしづつ売れています。漢字の練習、読書、毎日勉強がんばっています（２００８・正夫26歳）。
●毎日、本を読み、日記も書いているようですが、思うようにいかないらしく、また古賀先生のところに行こうかなと云っています（２００９・正夫27歳）。
●昨年の暮、孫の水疱瘡をもらい、熱が何日も続き、全身に湿疹ができてたいへんでした。休みが多かったので晦日も正月も働いています。その後、結婚の話はありません（２０１０・正夫28歳）。

（古賀・２００９年、親の会に出席されたとき、結婚のことを考えてやりたいと話しておられた）

〈２００９年のアンケートから・お母さんのことば〉

＊社会人　28歳。外食産業に就職。給料　11万円ぐらい。

＊親が弱ったときでも、自立していけると思う。お金の管理・食事の面ですこし介助が必要。

＊異性への関心はあるが、女性と会う機会が少ない。結婚したいと云っている。

＊楽しみは、ビデオ観賞・旅行・絵と陶芸

＊気になることは、友だちがいないこと。

## 追記・正夫くんのことで書き落としてはいけないこと。

正夫くんの仕事ぶりがいいので、会社ではもっとダウン症の人に働いてもらおうと、同じチェーン店で7人も採用されたとか。新規採用のための説明会では、お母さんたちや入社希望の人たちを前に体験を話したりもしたそうです。社内ニュースでもその仕事ぶりが紹介されたりもしました（社内ニュースを見せてもらいました）。

挨拶はきちんとできるし、家事の手伝いをしっかりやっていたから仕事もバッチリだし、掃除は率先してやるし、気に入られるはずです。後輩のためにも、これからもしっかりやって下さい。

## 7. 国体で水泳の銅メダル・銀メダルをとった

草田利夫　21歳（知的障害）

はじめて『ぞうさんの部屋』にきたのは**2年生になりたて**の1997（平成9）年の4月でした。おじいさん、おばあさん、お父さん、お母さん、そしてお兄さんのいる6人家族。みんなに可愛がられて育っている体格のいいぽっちゃりした坊やという感じでした。

心配なことは、ことばが少ない、年にしては幼すぎるということでした。名前をよばれれば返事をするし、生活で必要なことばはだいぶ話すようでした。しかしわけのわからない独り言をいったり、テレビのコマーシャルを繰り返したりします。興味のあるものはテレビのキャラクターで、本もそういう絵や写真ののっているものだけ。これまでに富山県の木内哲子先生にみていただき、自閉症だといわれ、富山県に1年間アパートを借りて母子ふたりで住み、訓練を受けていたことがあります。

小学校入学前には自宅に戻り、公文にも通っていました。公文は雰囲気が良く、先生も「クラスによくとけこんでいる」と云ってくれました。

それなら『ぞうさんの部屋』にこなくてもいいのではないか、と思ったのですが、まだ衝動的に怒り出す、固執性（ものへのこだわりが強い）、ことばの遅れなどがあって心配だ、というのでしばらく通ってもらうことにしました。しかし、会話は通じるし、目を見ておはなしができるし、知的障害がすこしあるが、自閉症ではないと思われました。

**2年生の4月**に眼科の検診で、「落ち着きがないようだが、精神的に遅れているのか」といわれたとかで、お母さんは落ち込んでいました。

**5月**、学校では宿題がたくさんでるし、教科の進み方が早くてついていけない、漢字も難しくてなかなか覚えられないし、すぐ忘れてしまう、とお母さんがこぼしていました。またある日、学校の校庭に大きな水たまりができたときパンツを脱いで遊んでいるのを兄が目撃したが、本人は「濡れるのがいやだから脱いだだけ」と、けろっとしていたとのこと。

**6月**、前からスイミング・クラブにいっていたが、障害があることをそこの先生には話してなかったので、何回も何回も注意されたらしく、「もう、おこられるからいかない」といいだしました。

（古賀・先生にちょっと説明しておいしておくことを勧めた）

**12月**、学校の担任に呼び出され、市の教育相談室へ行くこと、また「ことばの教室」（各市町村にある）にも行くようにすすめられました。しかし、「ことばの教室」は発音に異常がある（構音障害）、吃音（どもり）などが対象で、利夫くんには合わないのです。利夫くんのことばの問題は、語彙が乏しく、表現が少し幼いという点です。だから、生活全般のなかでいろいろと経験を重ねたり、本などをたくさん読み聞かせしたり、ことば遊び・カルタ遊びなどをして知的なちからをつけることが大切だと思われました。

それで校長・担任・母が話し合い、担任が連絡帳にこまかいところまで書いてくれることになり、これまでどおりでよいことになりました。

**1月**には、お母さんも疲れ果て、「最近、やる気がなくて、勉強をみてやるのがいやになってしまい、反省はしているのですけど」と弱音を吐いていたので、「なにもかもやろうしないで、公文にいっているのだから計算のお勉強は公文にまかせ、おうちでは日常生活に必要なこと、たとえばお金の勘定や、みんなでいくつ？　足りる？　足りない？　違いはいくつ？　などと、漢字の読み書き、簡単な意味、くらいにしぼって、あとはどうでもいいことにしましょうよ」と助言したら、お母さんも「そうですね、できそうもないことはどんどん捨てて、生活できる子を目標にしてがんばります」とのことでした。

**3年生の5月**になって、利夫くんが「おこられてばかりだから、もう学校にいきたくないよ」といいだしました。兄がたまたま利夫くんのおこられている現場をみたらしく、「あの先生のおこりかたが変だよ」と憤慨していたとのこと。それでお母さんには、「連絡帳」をつくってそれに本人の言い分を書き、担任に読んでもらい、やりとりをするようにしたらどうかと話しました。

利夫くんは家が遠いので、『ぞうさんの部屋』にくるのは月に2回から1回になってしまったけれど、5年生の1学期まで続きました。そして本人から「もう5年生になったから来ない」といってきて、やめました。

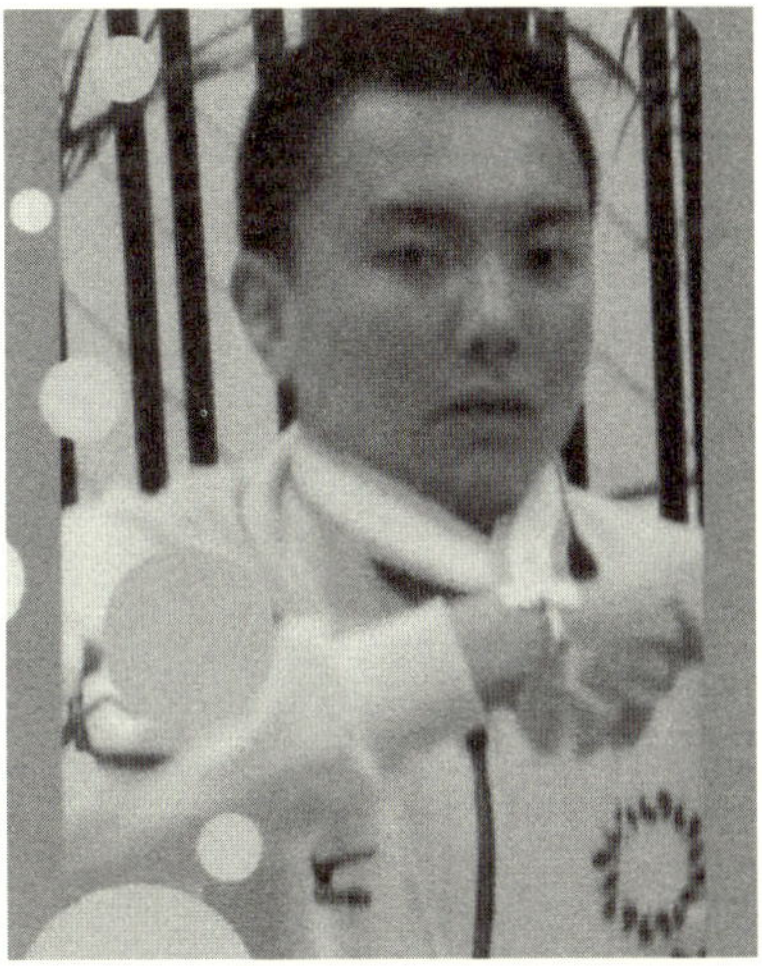

以下は利夫くんとお母さんからの年賀状です（**太字**は利夫くんの書いた部分）。

- **ことしもがんばります**（4年生・2000）。
- **お元気ですか。ふつうの中学校へ行きます**（6年生・2002）。
- **古賀先生、身体に気を付けて頑張ってください**（中2・2004）。
- 今年中に就職が決まるといいのですが（写真・家族で旭山動物園にいったとき）（17歳・2007）。
- **秋田わか杉国体で100m自由形で銅メダルをもらいました。**就職も内定し、4月から社会人です（写真・筋肉もりもりでメダルを捧げている）（18歳・2008）。
- 昨年は**大分国体で銅メダル1個**でした。会社の社長さんと自転車も始めました！　**仕事と水泳をがんばっています**（19歳・2009）。
- **全国大会で銀メダルをもらいました**（写真・銀メダルを捧げているところ）（20歳・2010）。

**〈2009のアンケートから、お母さんの回答〉**

＊いま、19歳。食品製造業に就職。給料は8万円くらい。
＊将来はグループホームなどで自立に近い生活をさせたい。
＊異性への関心はとてもあるが、女性と会う機会がない。結婚したいという。
＊楽しみは、水泳、自転車、マラソン、カラオケ、ビデオ・テレビ観賞、ヒーローなどの収集

（古賀・水泳と自転車と、もちろん仕事もがんばっていて、すごいねー。これからも続けてね。自転車で杉並まで遊びに来てください。大宮から自転車できたひともいるよ。

お母さん、お嫁さんを探してあげてください。給料だけでは暮らせませんね。障害者年金はもらっていますか？）

## 8. あんなに一生懸命生きてきたのにね……

今野清臣　27歳（自閉症）

**幼児期**　6歳まで

3歳のときはことばをほとんど話さず、非常に落ち着きがなく、ゆっくりお母さんと話ができないほどだった（保健所ではずっと相談にのっていた）。6歳のとき、このままでは普通学級は無理だと思うので『ぞうさんの部屋』に誘った。会話になりにくいが必要なことは話す。目は合いにくい、指示にのらない、すぐキーキーわめくなど、課題にのせるのは難しかった。知的な力はある（鉄道が好きで、幹線の駅名などみな漢字で書ける。文字の読み・書き・計算はできるなど）。ぜひ普通学級に

いれたいと希望。

**小学校時代**（普通学級）

1～2年のときは母が学校についていっていた。2年の3学期、いろいろいたずらが重なり、特殊学級をすすめられ見学にいってきた。そこでは教科は国語と算数しかない。いまは普通学級で理科も社会もやっているのだから普通学級をつづけたいと話した。3年の先生が「ぼくにまかせて下さい。お母さんはこないでいいですよ」といってくれたが、専科の教室移動するときだけはついていった。4年のとき、線路のなかにはいり、枕木のところを自転車で走ったり、5年のとき商店でエレベーターやコピー・レジなどをいたずらした。電車の非常ドアをあけたこともある。

6年のときはラブレターを書いたり、女の子にキスして泣かしてしまったりもした。勉強は、宿題・ドリル・日記どれも熱心にした。とくに計算・漢字はよくできた。友だちとは電話をかけて遊びにいったりして仲のよい子もいたし、かばってくれる子もいた。普通学級にいたからこそ、だと思った。

**中学校時代**（普通学級）

「中学になったからぼくひとりで行く」と自分から云って、毎週自転車で片道6ｋｍくらいの道のりを『ぞうさんの部屋』に通ってきた。3年間、古賀の娘が英語と数学を教えた（わたしはインドネシアに行っていて留守だった）。中3の受験がせまったころ、「ぼく死にたい」などと云うことがあり、娘が心配していた。

**高校時代**（都立瑞穂農芸高校）

1年のときは順調だった。2年になって勉強が難しくなってから、友達に暴力をふるって2～3日停学になったこともある。農業の実習はちゃんとやった。わかることはなんでも真面目にやった。担任は1年～3年のあいだ数学の若い先生で、すぐカッとなる方だった。実習の先生はよかった。友達は幼稚園からずっといっしょの友達が一人いて仲が良かったが、その子は勉強が苦手で中退してしまった。40人のクラスメートのうち10人くらい退学した。卒業できてよかったと思っている。

**卒業後**

車の免許をとろうとして教習所に通ったが、実技はすぐにパスしたが学科試験がダメで、何回かチャレンジしたがあきらめた。いまはバイトで1年のうち6ヶ月くらい宅配便の仕分けの仕事をしている（ずっと続けては使ってくれない）。年に60～70万円くらいは稼いでいて、自分の小遣いは全部それから出している。野球をみるのが好きで、遠くまで電車をのりついでひとりで行く。母が勤めているので、家の中のことを何でもよく手伝う。食後のかたずけ、洗濯、買い物など。将来は父親が自分の会社（墓石・霊園造成など）で働けるようにすると云っている。いまもときどき手伝いにいっている。職安を通して面接に行ったこともあるが、変なことを云ってしまうので断られる。友達とは同窓会などに誘われれば行く程度で、とくに親しい友人はいない（1997年）。

**（以下は、2008年4月に来たお母さんからの手紙）**

ご無沙汰しております。ご丁寧に年賀状を頂き、まことに有り難うございます。先生にはつつがなく越年とのこと、なによりと存じます。

実は清臣は4年前に交通事故に遭遇しまして、27歳の若さで永眠致しました。わたしがずっと病院に入院しておりましたのでご連絡が行き届かずにたいへん失礼致しました。（古賀・あきる野に年賀状を出していたが、返事がなかった）

いまは所沢の方で娘といっしょに生活しながら療養しております。回復しましたらあきる野に帰る予定です。生前は親子ともよき相談相手として支えて頂きまして、たいへんお世話様になり、本当に感謝し、深くお礼申し上げます。

平成20年4月　　清臣の母

（古賀・お母さまはほんとうに全力で清臣君を育てていらして、いつも尊敬しておりました。わたしも一時期、お母さまと戦友とでもいうような関係で、力を合わせて清臣君の成長を見守り応援してきましたので、本当に胸が苦しくなるほどびっくりしました。自分の内から起こるエネルギーとそれをはねのけるまわりとの軋轢にじれながらも、あんなに頑張って生きてきた清臣君が、そんなに早くあの世に行ってしまったなんて、本当に無念です。可哀相で可哀相で、お力落としでお病気になられたのだろうとお察し致します。あの可愛いい顔がいまでも笑いかけてくれるようにはっきり思い出すことができます。家事をしながら、散歩しながら、ああ、清臣君はいなくなっちゃったのね――と、ちょいちょい思い出しています。あの世とやらで、誰にもとがめられず、思う存分したいことをして楽しく過ごしているといいなあ、と思います。ご冥福をお祈りします。お母さまも早く元気になって下さい。元気になられたらおしゃべりに来てください。お待ちしています。）

# 第3章　作業所に楽しく通っています

ここで云う「作業所」とは、いわゆる福祉作業所のことです。社会福祉法人、NPO、地方自治体などが設立するもので、障害の程度に応じて、単純な作業から紙漉き・絵画・陶芸・機織りなどの作業をしたり、あるいは技能を獲得して就職できるようにする職業訓練や障害者同士の交流の場ともなります。

作業にたいして支払われる給与はごく僅かですが、普通の就職がむずかしい障害者が生き甲斐をもって社会と交わる貴重な場です。いまは日替わりでいろいろなプログラムが組まれ、単調な作業だけではなく、楽しく毎日を過ごしているところが多いようです。

この作業所の職員と父母の皆さんが力を合わせて、将来親が弱ってきたらはいれるホームを作る拠点となるといいなと思っています（現にそういうところがいくつもあります）。

## 1.　動物の絵を描くのが好き。その絵が売れるようになりました

大田頼一　35歳　（自閉症）

わたしが国立保健所の心理相談員をやっていたとき、頼一くんとは三歳児健診のとき以来ときど

き保健所であっていました。『ぞうさんの部屋』に通ってきていたのは、**5歳のときから小学校2年生まで**でした。いま35歳ですから、彼は1976年生まれです。

頼くんが5歳2ヶ月のとき、お母さんが「小学校の普通学級になんとかはいれないものか」ということで相談にきました。口数は少いが必要なことは話す。幼稚園で集団行動ができず、フラフラしている。友だちとまじわれず、先生のいうことがなかなかきけない。小太りで色白で、無表情な子でした。ひとと交われない、ひとつのことに執着するなど、自閉的な傾向がありました。

『ぞうさんの部屋』では、動物のパズル（絵合わせ）とか、鋏できったり色を塗ったりなどをよくやりました。動物の絵をかくのが大好きなので、動物の絵をかいてもらい、そこに「いぬ」「ねこ」「らいおん」……などと名前を書いてやることから文字を教えはじめ、入学までにひらがなはぜんぶ読めるようになりました。

**小学校**は普通学級に入学しましたが、ついていけないということで、二年生まで『ぞうさんの部屋』にきていましたが、一家が2年の3学期に茨城県土浦に引っ越すことになったので『ぞうさんの部屋』は終わりました。

土浦の最初の小学校ではとても厳しい先生にあたり、先生がクラスの子に「頼ちゃんと遊んではいけない」というなど、疎外されていたようです。3年の4月からは情緒障害児学級のある評判のよい学校に転校、そこの普通学級にいて、毎日2時間だけ情緒障害児学級で学習しました。そこでの様子は、普通学級の担任と情緒障害児学級の担任と親とが毎日交換日記をかわしたので、お母さんは「よくわかってよかった」と云っていました。親もよく学校に顔を出し、友だちも自宅に何人も遊びに来てくれました。しかし本人から友だちへの働きかけはあまりなかったようです。

**中学校**は特殊学級にいきました。しかし、図工・音楽・体育は普通学級でやりました。特殊学級では、毎日日記を書かなければならないなど、厳しい面もあったようです。またワープロの使い方なども習いました。

**高校は養護学校**で、頼くんよりも障害の重い子が多く、のんびり過ごしたようです。いまは、毎日20～30分かけて自転車で福祉作業所に通っています。授産施設と隣り合わせなので、合同で運動会やバス旅行をするなど、いろいろ楽しい行事があるようです。

小さいときから動物の絵をかくのが好きでずっと毎日描いていましたが、それに目をとめたお母さんの友人の勧めと協力で1996年画廊で個展をひらき、6つの新聞でとりあげられました。それが好評だったので1997年2月にも土浦の駅ビルで個展をひらきました。わたしも見に行きましたが、とてもほのぼのとした、いい絵でした。東京の銀座でも個展をひらき、わたしも楽しく見せて頂きました（銀座で個展をひらくなんてすごいよねー）。頼くんは、また音楽を聴くのも楽しみにしています。

お父さんが「自閉症児／者・親の会」の会長を、お母さんが副会長をしていて、いも煮会・キャンプ・クリスマス会など、いろいろ楽しい会をひらき、励まし合うようにしています。この地域では、いまでも障害児を座敷牢のようなところに隠しておく家があるので、お母さんが訪ねて話し合い、養護学校に通うようになった子もいる、とのことでした。お母さんは静かな感じの真面目な方なので、訪ねられたひとも心を開いたのですね。頼くんの一家は、家族４人で海外旅行などもしたりして、明るく前向きに暮らしています。

以下はお母さんからの年賀状です。

●ご無沙汰しております。絵の方はちょっとお待ち下さい（古賀が頼ちゃんに象の絵の注文をした）。わたしが10月と12月に白内障の手術を受けまして、ピアピアしております。でもよく見えて嬉しいです（２００２）。

●ご無沙汰しております。頼一も個展を10日間させて頂きました。いまでは市の社協の表紙にも使われるようになりました。市の中心部に２ｍ×１・２ｍの絵が３年間飾られました。今年も親子でがんばりたいと思っています（２００３）。

●今年は社会福祉協議会だより・新年の議会だよりの表紙に使われるようになりました。お陰様で福祉の店で絵を売ることになりました。先生もお元気で！（２００４）

●お陰様でみな元気でおります。土浦市の社協の表紙や市議会だよりなどに絵がつかわれています（２００５）。

●こどもたちは元気で通所しております。頼一の絵は、社協や市で使われていて、親に夢を与えてくれます。いま柏までリーブ21（育毛をするところ）に通っています。本人は気にしておりませんが、ホームケアもたいへんですけど、早く（髪）長く伸びることを望んでいます（2006）。

●頼一の絵はあいかわらず市や社協で使ってくれています。先生もおからだに気をつけて下さいませ（2007）。

●頼一も毎日元気で通所しています（2010）。

〈2009のアンケートから・お母さんのことば〉

＊いま33歳。作業所に通っている。月給2500円くらい。

＊親が弱ってきたらグループホームなどで自立に近い生活をさせたい。

＊しかしグループホームをつくるための運動はまだしていない。

＊異性への関心はあまりないようだ。

＊毎日絵をかいたり、算数・国語を楽しみながら勉強している。

＊だいぶお兄さんらしくなってきました。くだらない話しをしたりして、生活がにぎやかです。

（古賀・お父さんはいまでも「自閉症児／者・親の会」の会長さんをしていらっしゃるのですか。楽しい集まりをどうぞいつまでもつづけて下さい。そしてそこに集まった人々を励ましてあげて下さい。みんなで協力してグループホームも作れるといいですね。）

## 障害者の絵が売れている

『ぞうさんの部屋』にきたひとのなかにも、絵がとても好きなひと、上手なひとが何人もいました。

＊茨城の大田さんは、何度も個展をひらき、県や市や銀行などの出版物の表紙になったり、作品が売れたりしています。

＊多摩の藤田さんの毎年の年賀状はすばらしい才能を感じさせてくれます。刺繍展で賞を頂いたこともあるそうです。

＊新宿の松田さんは小学校時代・中学時代、絵やポスターで何度も賞をもらいました。今年、高校進学にあたっては、インテリアデザインコースのある高校をめざしています。

＊ダウン症の久住さんは陶芸をしていて、京王プラザホテルで展示会を開いたりもしています。とても、ファンタスティックな可愛いランプシェードなど（3万円）から小品（2000〜3000円）まで、いろいろ作っています。

全国には次のような動きもあります。

●神奈川県平塚市にある「工房会」では、絵や織物などを思い思いに制作、全国のギャラリーや雑貨店からの依頼で毎月のように作品展がひらかれているそうです。

●社会貢献として力をいれている企業もあります。人材派遣会社パソナの特例子会社「パソナハートフル」（東京都千代田区）は、昨年から「アーティスト社員」制度をはじめました。いま17人の社員がいるそうです。作品はコップ、カードなど。

●障害者のために手続きを代行する団体もあります。NGO「エイブルアートカンパニー」（東京都中野区）。身体障害や知的障害のあるひとの絵を登録し、著作権使用料をとって貸し出す。昨年4月、3つのNPOが協力して発足、作家32人を登録、作品は2千点を超える。

●1986年から同様の活動をする「アートビリティ」（東京都中野区）は、社会福祉法人の一部門、約3500点を登録し、冊子のカラーの表紙だと使用料は5万円、6割を作家に払う（2008.5.24 朝日新聞の記事から）

これらの他にももっといろいろな動きがあるでしょう。

## 2. 鉄道サークルや野球や楽しみがいっぱい！

松田　順　33歳（知的障害）

**小学校・特殊学級3年**のとき、「学校だけよりももっと勉強させたい」と、お母さんが連れてきました。『ぞうさんの部屋』には6年卒業するまで来ました。

順ちゃんの能力にあわせた課題、読み書き計算、ことばを増やす遊び、本が好きになるようにお母さんといっしょの読み聞かせ、などをやりました。また、文章が書けるようにするため、簡単な日記を書くことを勧めました。はじめは口うつしでしたが、だんだんに一人で考えて書けるようになりました。

いつも本人が熱心に学習し、またそれをお母さんが支えて、宿題などもきちんとやらせるようにしていました。

中学も特殊学級で、**高校は養護学校高等部**でした。学校は楽しく、よい思い出ばかりだそうです。卒業後は、トーコロ青葉第2ワークセンター福祉作業所のメールサービス課。指導員さんや仲間の方にめぐまれ、毎日楽しく通っています。昼休みにはキャッチボールをしています。テレビの野球番組・歌番組が好き。テレビゲームも好きです（1997年現在）。

以下はお母さんからの年賀状です。

- 順も仕事を一生懸命がんばっています。おからだ大切に（２０００・22歳）。
- 順は作業所に通っています。ソフトボールと鉄道サークルが楽しみで、休みも充実した日々を送っています。皆様のご多幸を心よりお祈り申し上げます（２００１・23歳）。
- 順も元気に通っております。今年、二人目の甥が生まれますのでにぎやかになりそうです（２００２・24歳）。
- 先生お元気ですか。仕事・ソフトボール・鉄道クラブとも楽しんでやっています（２００３・25歳）。
- 先生お元気ですか。順も今年27歳になります。毎日朝早くからがんばって仕事に行っています（２００４・26歳）。
- 順も相変わらず元気に仕事に通っています。仕事仲間と旅行に行ったり、自分なりの楽しみができました。みなさまの健康を心よりお祈りいたします（２００５・27歳）。
- 順も相変わらず仕事に通っています（２００６・28歳）。
- 同右（２００７・29歳）
- 先生、お元気でお過ごし下さい。順も元気でがんばっています（２００８・30歳）。

〈2009年のアンケートから、お母さんのことば〉

＊社会人　32歳。作業所に通っていますが、就職支援を受けているので、いまハローワークに通い、次の仕事を探しています。なかなか自分の思う仕事には出会えません。

＊まだグループホームなどは考えていない。なるべく長くいっしょに暮らしたい。

＊異性への関心はあるが、自分ではないように振る舞っている。

＊楽しみ：野球が好きで、一人でも球場で応援できるようになり、それを楽しんでいる。作業所でサークル活動があり、それらにも活発に参加しているので、自分なりに人生を謳歌しているようす。

## 3.　大人になったら……と心配したが、楽しく元気にしています

川部　真　31歳（知的障害）

1987（昭和62）年5月、**6歳11ヶ月、小学校・特殊学級1年生のとき**『ぞうさんの部屋』にきました。華奢な感じのやせた坊やでした。好奇心旺盛で、そこらにあるおもちゃに片端から次から次へと手を出していました。

お母さんによれば、1歳のころ無熱性痙攣をおこしたが脳には異常はなく、2歳のとき怪我をして後頭部損傷をしたそうです。小さいときから好き嫌いが激しかったが静かで手のかからない子で、ほとんど人見知りをせず、抱き上げても反応を示しませんでした。広尾の日赤病院では「おとなし

すぎる」と云われました。運動の発達は遅く、首のすわりは6ヶ月（普通は3ヶ月くらい）のとき、はいはいは10ヶ月（普通は8ヶ月くらい）のとき、歩いたのは1歳8ヶ月（普通は1歳から1歳3ヶ月くらい）のときでした。

来た当時、ことばは少し話し、名前を呼べば返事をします。ことばの真似もします。簡単な命令、たとえば「ごみを捨てて」と云えばしてくれます。お母さんに歌ってもらうのが好きで、その歌の絵をかいた絵本をみながらところどころ口真似をします。テレビは「おかあさんといっしょ」とマンガ。遊びは、おもちゃのバスを動かしたり、電車のレールをつないだり。相手をしてやれば、積み木やブロックもやります。左利きで、箸は握り箸、絵はなぐりがき。

お母さんが心配していることは、友だちがいないことでした。学校は特殊学級なので、同級生は近所の子ではありません。いままでに相談したところは聖マリアンヌ病院で、そこに月に1、2回通い、また東京女子医大で半年ごとに発達テストを受けています。

『ぞうさんの部屋』にはそれから1990年3月まで、3年近く通ってきました。粘土や鋏、糊、クレヨン、シール、などで手を使うことで少しずつ集中力をつけ、はめ絵パズルやカードや本などを使ってことばを少しずつ増やすように努めましたが、覚えることは苦手でなかなか進みませんでした。同じ国分寺の特殊学級にいっている同年齢の小山とも子ちゃんといっしょにやったこともありました。小山さんとはお母さん同士も仲良くなり、励まし合ってがんばっていました（お二人とも母の会などにはいつも出席して下さいます）。

中学は特殊学級、高校は養護学校にいきました。卒業してからは作業所に通っています。

以下はお母さんからの年賀状です。

●おかげさまで、息子は今年20歳、明日は仕事始めにでかけます。昨年は通所が楽しい様子が行動に表れていて、親としてはほっと安心していました。今年も喜んで通ってくれると思います（2001・20歳）。

●大きな声を出して、毎日喜んで通所しています（2002・21歳）。

●いつまでも元気ですてきな先生でいらしてくださいませ（2004・23歳）。

●息子のこだわりの強さを嘆き、すこしの成長にも大喜びの毎日を送っています。通所更正施設に通っています。先生がいつまでもご活動されておられると、とても心強いです（2007・26歳）。

●わが家は毎日朝からバタバタしていますが、元気に過ごしております（2008・27歳）。

●息子は皆様に支えられて毎日元気に通所しております（2009・28歳）。

●昨年はたいへんお世話になりました。先生のご活躍に励まされました。有り難うございました（2010・29歳）。

（古賀・2009・3月に親の会をひさしぶりに開き、30年ぶりくらいでお会いしました（7人参加）。まだまだお母さんはたいへんな様子。毎日いっしょにウォーキングをしているとのことでした）

〈2009のアンケートから、お母さんのことば〉
＊年齢　28歳。作業所に通っている。給料は月2000円くらい。
＊親が弱ったら：施設にいれるしかない。
＊異性への関心：とても関心がある。ガールフレンドを欲しがる。女性（とくに若いひと）と会う機会を喜ぶ。結婚したいと云うが、よく意味はわからないでそう云ってみて、その言葉や反応を楽しんでいるようにもみえる。
＊楽しみ：乗り物にのること、スポーツ観戦。

## 4. ガイドヘルパーさんと楽しく過ごしているよ

小山とも子　31歳（知的障害）

1987（昭和62）年の1月に、**6歳10ヶ月**のとき、『ぞうさんの部屋』にきました。就学年齢になっていますが、就学を1年猶予していました。知的興味がないので、学校にいってもどの程度できるかが心配なので、ここで教えてほしい、ということでした。歩いて2、3分の近所に住んでいました。

杏林大学で生まれた双生児のひとりで、姉のほうには障害はありません。ともちゃんは早産の未熟児で1800g、保育器に40日はいっていました。生まれたあと、1年間経過観察で病院に通いました。赤ちゃんのころはよく食べ、ひとみしりはほとんどなく、反応の乏しい子でした。運動発達は少し遅めでしたが、あまり心配はしていませんでした。4ヶ月で首がすわり、1歳2ヶ月で歩き出しました。

1歳半健診は受けませんでした。それなりに育っているので心配はしていなかったのですが、三歳児健診のとき「すこし発達が遅れている」と云われたので、3歳半から4歳半まで多摩療育園に週1回通いました。その後、身のまわりのことがまるでできないので、1986年1月から1年間、東京世田谷の梅ヶ丘にある国立小児病院に入院し、土・日だけ帰ってきました。いまは火曜の夜帰宅して土曜まで家ですごし、日曜の午後病院にいきます。病院では言語指導・生活指導・絵を描くなどしています。

6歳10ヶ月現在で運動能力については、高いところに登るのをこわがる、階段の上り下りは1段ごとに足を揃える、ブランコはこげない、自転車は補助輪つき、右利きだが鋏を使うのは下手、など。絵はなぐりがき。ホック、ボタンなどは大きいものだけできる。

生活面では、ひとりで食べるがこぼす、おしっこをときどきもらす、夜起こしているがそれでももらす、うんちは知らせる、など。要求があるときは母をつれていって指でさす。こちらの云うことは真似る。

知的興味については、絵本は自分からは見ない、テレビは「おかあさんといっしょ」だけは見る。遊びは姉とままごとをする。

『ぞうさんの部屋』では、手を使うこと、声をだすことを大切にしました。瓶におはじきをチャリン、チャリンといれる、発泡スチロールに画鋲や畳鋲などを刺してプチプチと音を出す、シールを貼るなどから始め、鋏、粘土、のり、クレヨン、絵の具、「おえかきせんせい」、トーキングカード、などを使って遊ぼうとしました。また、手遊び歌、動物の本を見ながら鳴きまねをする、歌を歌いながらところどころ擬音などをだす、はめ絵パズルやカードを使って物の名前、色の名前を覚えてもらおうなど、手を替え品を変えしてすこしでも興味をひくようにしましたが、なかなか力をつけることはできませんでした。お母さんのがんばりを励まし支えるのがわたしの役目だったのかも知れません。でも、ともちゃんといっしょにする勉強は楽しかったですよ。

以下はお母さんからの年賀状です。太字はとも子ちゃんの書いたものです。

●毎日「ワークホーム・虹」に行っています。ビーズでブレスレットを作ったりしています（1999・19歳）。

●先生、お元気そうですね。春には4人もスタートするそうでよかったですね（古賀が年賀状で『ぞうさんの部屋』にきている人が今年4人普通学級に入学すると書いたので）。とも子は毎日元気で「虹」に行っています。ビーズ作業もがんばっています（「**ともこ**」と上手に名前を書いてくれた）（2000・20歳）。

●ビーズ作業はいまもしています。とも子ができるくらいのやさしいものです。今は親子で月に一度ハイキングで奥多摩に行っています（２００１・21歳）。
●最近はガイドヘルパー制度を利用して、いろいろなところへ遊びに連れて行ってもらっています。
**こやまともこ**（２００２・22歳）
●今年もヘルパーさんと遊びにいったり、週１回同じメンバーとスタフがついて宿泊もしています。楽しみのようです（２００３・23歳）。
●障害者センターに毎日元気で通所しております。先生にもお会いしたいです（２００７・27歳）。
●親しくしているヘルパーさんといろいろ楽しんでいます。先生もお元気で（２００８・28歳）。
●とも子は元気で今年はグループで式根島に行きました。先生、体調はいかがですか。心配です。姑さんは94歳です。先生も長生きして下さい。皆でお集まりの会、楽しみにしています。**ともこ**（２００９・29歳）
●昨年は茶話会をしていただき、とてもよかったです。有り難うございました。今年30歳になります。先生、いつまでもお元気でいて下さい。**ともこ**（２０１０・30歳）

〈２００９のアンケートでお母さんのことば〉
＊年齢30歳。作業所に行っている。「ワークホーム・虹」
＊親が弱ったら、施設にいれるしかない。グループホームか生活寮などにはいり、たまに帰ってくるようにしたいが、まだなにも準備はしていない。

＊異性への関心：男性と会う機会を喜ぶ。そのとき、その場所で好みの男性がいるとそばに行ったり、にこにこしたりしている。
＊楽しみ：音楽は楽しい様子。散歩は気分がいいようで、よくします。
＊気になること：グループホームに入れることが心配です。お友達のお子さまが入所しましたが、1年で体調をくずし、いろいろ問題があり、ホームを出ていま自宅から通所しています。

（古賀・グループホームもいろいろなのですね。スタッフのせいなのか、グループのお仲間と合わなかったのか、入る前に体験入所したりしてよく調べないと安心できませんね。大人になったらどんな生活ができるだろうと気になっていました。ともちゃんはヘルパーさんと気が合って、いろいろ楽しんでいるようで本当によかったです。世の中も少しずつ生きやすくなってきたのですね。）

## 知的障害者ガイドヘルプ事業について

知的障害者ガイドヘルプ事業は杉並区から委託を受け、この8月からスタートしました。
ガイドヘルパーとは、知的障害のある人が外出するときに一緒に出かけて必要な支援（道案内・お金の計算・説明等）をする人のことをいいます。
一人で出かけることが不安だった人、道がよくわからない人がヘルパーと一緒なら、映画や遊園地に行けるようになります。
また、単に外出の支援をするだけでなく、知的障害を持つ方が家族から自立しても地域の中で暮らしていけるよう、さまざまな経験を積んでいくことのお手伝いでもあります。

**『杉並区知的障害者ガイドヘルプ事業』の概要**

【対象者】
杉並区内に居住し、18才以上の愛の手帳所有者で在宅の中程度の知的障害者。外出するときに付き添いを必要とする、利用者として登録した方。

【派遣の対象】
① 公的機関、医療機関等の利用など、社会生活上必要不可欠な外出。
② 買い物、映画、音楽鑑賞、観劇、サークル活動、美術館、レクリエーション、スポーツ、散歩などの余暇活動等社会参加外出時の付き添いに関することのうち、利用者が必要とするもの。ただし、施設入所、入院中の者及び通勤、通学、営業活動は除きます。
（施設入所の方で一時帰省の間は対象となります）

【利用回数及び時間帯】
ヘルパーの派遣は、年末年始（12月29日から1月3日）を除く毎日実施。利用時間は、利用者一人につき月50時間を限度として、利用時間帯は、原則として午前8時から午後8時です。

**●参考：この事業を行っている都内の他の自治体（2001年度末現在）**
中央区、港区、新宿区、文京区、品川区、目黒区、世田谷区、中野区、豊島区、板橋区、葛飾区、江戸川区、八王子市、立川市、三鷹市、府中市、調布市、町田市、日野市、国分寺市、狛江市、清瀬市、東久留米市、多摩市、西東京市、瑞穂町（以上26区市町）

（杉並区・2006年発行のビラ　から）

東京以外のところでももちろん実施されていると思います。自分の住んでいらっしゃるところの役所または福祉事業所などに問い合わせてください。

（いまではこの資料も古くなりました。もっと広範囲に行われているると思います）

## 5. 理解のある校長とめぐりあえず、学校では苦労しましたね

平田穂乃子　28歳（自閉症）

1986（昭和61）年7月、穂乃子ちゃんが3歳6ヶ月のとき相談にみえました。ことばをすこししか話さない、わけのわからない独り言が多いなどを心配してこられたのです。家族は、祖父母・両親・兄・本人の6人です。

切迫流産・帝王切開で、2310gとすこし小さく生まれました。赤ちゃんのときは、人見知りはほとんどなく、喃語もありませんでした。いまいえることばは、イタイ、ネンネ、ハイ、イヤ、マンマ、アチ、チ、オイシイ、カーなどです。名前をよぶと振り向きます。なにかを要求するときは、お母さんの手を持って連れて行きます。そういうときも、目は見ません。「お兄さんにもっていって」はわかるが、「お父さんにもっていって」はわかりません。

絵本は自分ではみるが、読んでやると嫌がります。テレビは、「おかあさんといっしょ」「みんなのうた」くらいしか見ません。音楽は、曲の好き嫌いがはげしい。

これまでに多摩療育園で脳波・頭と手のX線検査、立川共済病院で聴力検査をしましたが、すべて異常なしでした。保健所で三歳児健診のとき、古賀の友人が相談にのっていましたが、落ち着かず動きが激しいのでゆっくり話せませんでした。保健所では2ヶ月に一度くらいしか相談にのれな

いので、友人の紹介で『ぞうさんの部屋』にきたのでした。相手の目をみない、ひとに相手をされるのを避ける、わけのわからない独語が多い、興味がかぎられている、好き嫌いが激しい、多動であるなど、いずれも自閉症に特徴的な点が多いように思われました。

『ぞうさんの部屋』では、１９８６年7月から１９９０年3月まで古賀が相手をして、4月からは他のスタフに受け継いでもらいました。

以下、お母さんのノートから古賀がまとめました（「ノート」は私がこどもの相手をしている間に、待っているお母さんが書く）。

この年の**9月**ごろからは、目・鼻・口などを指しながら云えるようになりました。また、お人形とよく遊ぶようになりました。前にはほったらかしだったのが、とても可愛がるようになったのです。

古賀が食べ物の絵を描いた本を穂乃ちゃんに貸してあげたら、それが気に入って毎日見ていて、本の中の食べ物を要求したりもしました。

**10月**には、食べ物などの名前を云って欲しがるようになり、その名を云ってやると喜んでにこにこします。買い物にいくとテレビで宣伝している食べ物をよく覚えていて、それを篭の中にいれます。お父さんにとても甘えるようになり、お父さんが帰ってくるとまわりをぐるぐるまわったり、だっこしたり、背中にのったりします。
**12月**。家で云うことばがずいぶん増えてきたそうです。知っていることばは、何度でも自分から云うようになり、教えてもらいたいときには「ナン？」と云って聞きにくるようになりました。（古賀・そういうときには説明ぬきで、短く大きな声で、はっきりと云ってあげてください。聞いたら何度でも。）テレビで「どらえもん」や「おばＱ」をお兄ちゃんといっしょに見るようになりました。前には主題歌のときしか見なかったのだが、内容をすこし理解できるようになったようです。
**翌１９８７年１月**。穂乃ちゃんがちょうどお風呂からでてきたときにお父さんが会社から帰ってきて、「パジャマを着なさい」といったら、自分で全部上手に着ました。それをお母さんがうんと褒めたらとても嬉しそうな顔をして、次の日からは自分で着るようになりました。
**2月**。お母さんが穂乃ちゃんの顔にハンケチをかけて「あら、穂乃ちゃんがいない」というと、穂乃ちゃんはそのハンケチをぱっととって、お母さんをじっと見ました。穂乃ちゃんが話しかけるときにはお母さんの目をみるようになりましたが、お母さんが話しかけるときには目をみません。『ぞうさんの部屋』で「おえかきせんせい」で遊んだらそれが気に入ったので、お母さんが買ってあげたら家でもそれでとてもよく遊ぶようになりました。
**4月**から幼稚園にいきはじめました。その幼稚園の先生が古賀に会いたいとのことで、いっしょに他の幼稚園の先生にもきていただいて話し合いの会をひらきました（園長と主任の先生が来てくださいました）。

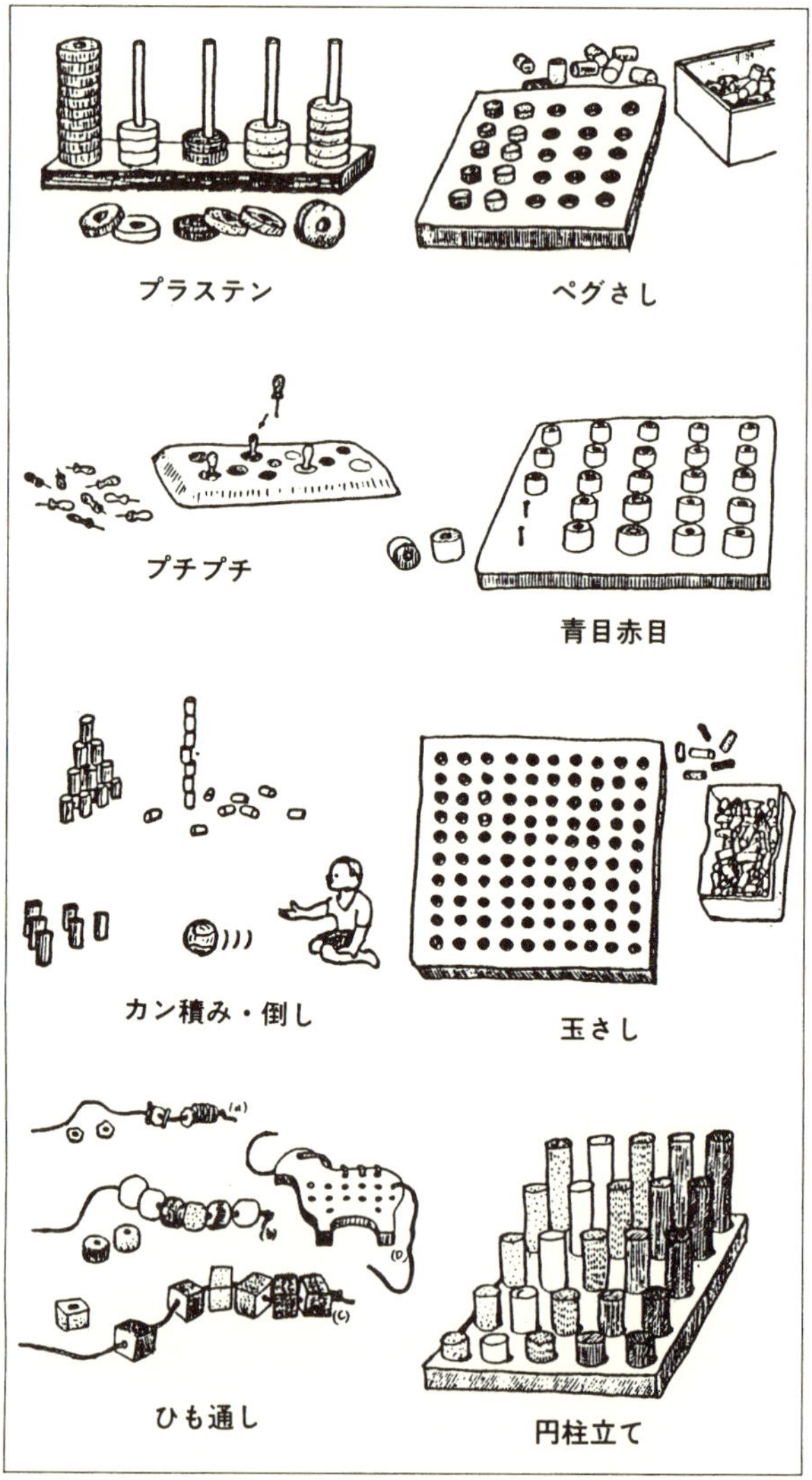
プラステン
ペグさし
プチプチ
青目赤目
カン積み・倒し
玉さし
ひも通し
円柱立て

**5月。**裏の家の子、ちーちゃんと楽しそうに遊べるようになりました。ちーちゃんの姿を見つけるとさっと出ていって肩に手をかけてにこにこしたり。

**6月。**対人関係が、去年までのお母さんだけから、お父さん、お兄ちゃん、ちーちゃん、おばあさん、おじいさん、幼稚園の友だちへと、とても広がってきました。ただ、相互関係というよりは、穂乃ちゃんが気に入ったとき気にいったかかわり方をするというところ。でも、まずはそのひとたちが好きになると、そこから相互関係になっていくでしょう。

　穂乃ちゃんのお母さんは多動のむずかしいお子さん相手でご苦労さまですが、1をいえば2をする、『ぞうさんの部屋』でちょっと興味をひきだせればさっそく家に帰ってからもそれをやってみる、というように積極的な方で、ちっともめげずに子どものいいところに気がついては喜び励ましておられて、本当に感心していました。

**11月。**「ひらがなの表」をあげたらお母さんが壁に貼ってくれて、穂乃ちゃんはそれがとても気に入って、家では毎日何回もみながら口にだしているとのこと。字をゆびさしてお母さんに教えるそうですが、発音がとても悪く、云っていることの半分くらいしかわからないとのこと。お父さんが見ていて、舌の使い方がとても悪いといっているとか。

　わたし（古賀）も発音が独特だなと気になっているのですが、まだ話し出したばかりで、すこししか練習してしないのですから、あまりあれこれ注文をつけてことばを云わなくなったら元も子もなくなります。いまは、ともかく話してくれることをいっしょに喜んで励ますことが大切だと感じていました。

発音の改善のためには、

＊ガムやするめなどを毎日噛ませる。

＊風船を吹いてふくらませたり、熱い飲み物やたべものをフーフー吹かせる。

＊シャボン玉遊びをする。蛇笛を吹く。

＊鏡の前でお母さんとふたりで、舌をいろいろ動かして遊ぶ。

＊水飴や蜂蜜を口のまわりにつけて舐めとらせる。

などを毎日5分くらいずつ続ける、発音の言い直しはいまのところさせない、注意しない、とお母さんと話し合いました。

**1988年2月**。お父さんべったりで、いつもくっついています。お父さんのいうことはよくきます。またお勝手の仕事が大好きで、包丁で切る、ゴマをする、大根おろし、などをはりきってやるので、まかせています。

羽村の動物園にいったり、子どもの国の牧場や小さい動物園で動物の顔をなでたりして、とても嬉しそうでした。

**5月**。かるいやけどをしました。また、歯の治療で病院にいき、いやなことが続いたのですこし調子が悪くなりました。そこで子犬を飼うことにしたらとても嬉しそうに世話をしたり、遊んだりしています。
**6月**。幼稚園のクラスの女の子ふたりがとても気に入って、休みの時間もいっしょに同じことをして遊んでいます。この調子なら、小学校はぜひ普通学級にいれなくちゃ、と感じました。
**7月**。急にことばも増えて、「シロ、ご飯よ」「散歩にいく」「イレブンにいく」など、教えると真似して話します。相手の顔もよくみるようになったし、ひとの話をよく聞くようになりました。
**9月**。幼稚園で運動会に出してもらえませんでした。自分のクラスの子がみな出ているので自分も出ていこうとすると抑えられました。このころ、友だちを噛んでしまったり、荒れたりしました。
（穂乃ちゃんの気持ちを考えたら当然ですよね。）
幼稚園の運動会の目的は、整然とした姿をみせることなどでは決してなく、みんながそれぞれ力を出し合い、どうお互いをカバーして盛り上げていくかが大切だと思います。うまくのれない子がいたら、そこでどう暖かく包みこんでいくかを教えることこそが教育であり、感動をよび、忘れがたい思い出をつくっていくことになるのに。絶好のチャンスを切り捨てているのですね。あきれもし、くやしく、悲しいですね。
**10、11、12月**。調子がよく、12月の就学時健診もにこにこしていて、立ち上がったりすることがなく、ほっとしました。
**12月**に教育委員会から電話があり、学校の先生やまわりの方と今後どういう方向ですすんでいくつもりなのか、相談したいということでした。お母さんはこれをはっきり断りました。

電話での応対もいやなものだと思いますが、行けば1対1ではなく多勢に一人ということが多く、もっといやな思いをすると思いますので、「こちらの気持ちは変わりませんから」とか、「いま病人がいて家をあけられない」等の口実で断るのもひとつのやり方でしょう。お父さんがいらっしゃれば二人そろっていって、きちんと意思をつたえてくるのもひとつの方法ですが、いまお父さんはインドですものね（会社の出張で1年間インド滞在）。

「こちらとしては、やさしい、元気のある先生に受け持ってもらうのだけが望みで、その後は入学してから担任の先生とよく相談しながらやっていくつもりです。よろしくお願いします」と電話で断るのがいいと思います。がんばってね。

幼稚園のクリスマス会はみなと同じように最初から最後まで踊れました。とてもにこにこして踊っていました。ことばも急にふえて、発音もすこしはっきりしてきました。2語文で要求することがとても多くなりました。

ひらがなもほとんど読めます。発音の悪いことばは、字で書くとよく理解するようです。

『ぞうさんの部屋』では、好きな課題だとササーとやってしまうが、たとえば鉛筆の持ち方や字の書き順などを注意するとカーとして聞く耳をもたなくなります。課題のプリントも、少し考えなければならないようだともうイヤになり、それからなかなか先にすすめなくなります。いまのところ、文字を読むこと、自分で読むことは気に入っています。名詞は卒業して、動詞（〜してる）、形容詞などにはいりたいのですが、なかなか難しい。文字のカードをみせて云ってやるうちに理解していくようで、ある日突然ぱっと云えるようになることがありました。

**1989年2月。**市の教育委員会にお母さんがよばれていきました。断りきれなかったのでしょう。そこで「**能力にあった教育を受けなければならないという法律がある**」と云われました。（**これについては反対意見があります。**）

## 義務教育とは

お母さんのなかには、「こどもはその能力にあった学校に行く義務があるという法律がある」と教育委員におどされた人もいます。

「法律がある」などと云われると、気持ちが萎えてしまうかも知れませんが、次の本にいいことが書いてあるのでご紹介します。

「障害児のインクルージョンへ」石川愛子・宮永潔 編者
社会評論社 1999 218-219頁より

憲法26条には、学齢に達した子どもは教育を受ける権利がある（最近ではこれを「教育の権利」と呼んでいる）とはっきり書かれています。つまり、教育を受けるのは義務ではなく権利であるという考えになっているのです。

ではなぜ「義務教育」ということばがあるのか。この「義務」とは、学齢に達した子どもを学区の小学校あるいは特殊教育諸学校に就学させる「親の義務」なのです。つまり、「子どもにたいして親がそういう義務を負っている」ということなのですね。

それからもう一点、ある地域に居住している学齢期の子どもを教育するための施設、教育資源を整備するという行政（この場合は地方自治体と考えてよいかと思います）の側の学校設置義務があります。

つまり、この二つを総合しますと、今日云われる義務教育の「義務」とは、子どもが教育を受ける権利を行使できるように、「保護者と地方自治体に科せられた義務」であるということになります。

少なくとも、学校設置義務の観点からいえば、ある特定の学区の小学校に就学させたならば、そのこどもが健常児であろうと障害児であろうと、かれに対する全面的な教育保障をしなければならないわけです。

校長先生と話し合いましたが、「学校としては1クラス40人なので、どの子にも40分の1だけのかかわりしかできない。学力の面であまり向上がなくて苦情をいわれても困る。受け入れるのだけは受け入れる」と云われました。このころ、一人でどこかへ行ってしまい、行方不明になることが多く、心配でした。少しすると必ず戻ってはくるのですが。

**3月。**学校に呼ばれ、1年の学年主任・養護の先生・校長・教頭とお母さんとで話し合いました。新1年生は1クラス30人くらいで、3クラスになるそうです。「もう大丈夫だと思われるようになるまで、お母さんが学校で穂乃ちゃんにずっとついているように」と云われました。養護の先生は、「いちばんたいへんなのはお母さんなのだから、なにか困ったことがあったら本音でぶつかってきてください」と云ってくれました。

**4月。**担任は、他の学校からこられた優しそうな女の先生で、心身障害児学級で何年も教えたことのある方でした。穂乃ちゃんは学校が大好きになり、喜んで通っています。家庭訪問がありましたが、担任の先生はよく理解してくれてとても協力的で助かりました。

4月から『ぞうさんの部屋』では算数を教えていますが、算数は嫌いなので、はじめようとすると古賀の手をつねります。知らん顔して工夫しながら教えていると、すこしづつやるようになり、家でもやるようになったそうです。

**6月。**プールのことで学校と話し合い。「万一のことを考え、プールにはいれられない」とプールにはいるのを断られました。

この月、『ぞうさんの部屋』で「**1年生になった子と来年はいる子のお母さんがたの話し合い**」をしました。それに出席した穂乃ちゃんのお母さんは、翌日次のように書いてきました。

「昨日はお世話様でした。他の方々のお話をお聞きして、穂乃子の通っている学校は決して恵まれている環境ではないことがわかりましたが、他の学校の理解のある先生のお話を聞いて、すこし希望がもてると思いました。少しずつでも穂乃子のことを理解してくださる先生方やこどもたちが増えてくれれば、と思います。そして古賀先生の助言にはいつも勇気づけられます。古賀先生とめぐりあわなければきっと今頃はしぶしぶでも特殊学級に通っていたのではと思うとぞっとすることがあります。」

お父さんが帰国。お父さんが大好きで、お父さんのいうことはよく聞きます。

**7月**。学校でも家でも、大きい声をだすことが6月ころから続いていますが、先生もこどもたちも、「なれているから平気です。ほっておきましょう」と云ってくれています。

学校では日直もきちんとこなし、みんなの前でちゃんと歌ったり本を読めたりすると、クラスメートが拍手してくれたりするそうです。先生が大好きになりました。

この学校には施設内に「教育相談室」というのがあり、そこの教育相談の先生と担任とお母さんとで話し合いをしました。教育相談の先生は、「特殊学級にいけばもっと丁寧に教えてもらえてもっと伸びるのに、残念だ」と云いましたが、お母さんは「学習面よりも、普通の子といっしょに育つなかで学ぶことの方が大切だと思っています」と話しました。考え方が根本的にちがうので平行線でした。

**９月**。教育相談の先生が、「１日１時間ずつ、穂乃ちゃんと隣のクラスの中田実枝ちゃんとに勉強を教えたい」とのことでした。お母さんは、「もし時間があるなら教室で補助してほしい」と答えました。

月半ば、校長がお父さんと話したいといってきて、特殊学級に行くことをすすめたが、お父さんはお母さんとまったく同じ意見だと云ったそうです。「学校にとっては穂乃子はお荷物でしかないのですか」と云ったら、相手はなにもいえなかったようです。それでお父さんは「６年間お世話になるつもりですので、よろしくお願いします」といったそうです。

**10月**。『ぞうさんの部屋』では漢字に興味を持ち、何度か書くと覚えて自分からノートに書いたりしました。またカタカナ、はじめての足し算などもやりました。

学校の運動会では、自分の出場するものは一通りできました。穂乃ちゃんが登校するのを毎日待っている男の子も何人かいるようです。

おばあさんが病気で入院しているので、お母さんは「40分ぐらいで戻れるから、そのあいだ穂乃ちゃんを学校においで行ってきてもいいですか」ときいたら、担任は「いいですよ」といってくれたが、校長に「だめです。行くなら穂乃ちゃんも連れて行ってください」と云われました。

**11月、12月**。ずっと明るく安定した日が続きました。お母さんが宿題を説明して「自分でやってね」と云って仕事をしていると、ほとんど全部自分でできるようになりました。

『ぞうさんの部屋』では文字の読み書き、計算など、ずいぶんよくできるようになりました。文章を読んで意味がわかる、算数の問題を読んで式をたてる、などはまだよくできないが、すこしずつ。

**1990年1月**。学校のクラスでいろいろな係を決めるとき、「穂乃ちゃんといっしょに係をやってもいい人」といったら、クラスの3分の2くらいの人がさっと手を挙げたとのこと。「いっしょにやりたい！」と大声で叫んだ子もいたとか。嬉しいですね。涙が出ちゃう。はじめて穂乃ちゃんに会ったのなら、「おはなしできない変な子」なんて云われるかもしれないけれど、毎日いっしょだから穂乃ちゃんは可愛いし、穂乃ちゃんのいいところもわかり、がんばっている点も評価するようになったのだと思います。

学校内の「教育相談室」に行ったとき、お母さんはいままでの学校の対応の悪さについて云いたいことを云ったそうです。そうしたら教育相談室の先生は、「H市のなかでも親がつきそっているのはこの小学校だけです。そのことは入学前からわたしたちも知らないうちに（校長によって）決められていました。穂乃ちゃんは入学当初からみたらずっと成長しているのだから、すこしずつでも付き添いの時間を短くするなり配慮するべきだ。どうしても親にいてもらいたいというのなら、隣の席ではなく別の部屋なりこどもの見えないところにいるようにするべきではないか」と云ってくれました。市の教育委員会に校長の対応の悪さなどを報告しておくとのことでした。

**2月**。おじいさんが入院してしまい、用のあるたびに穂乃ちゃんをつれて早退しなければならない。穂乃ちゃんはずっと学校にいたくて、早退すると不機嫌になります。

　わたしはお母さんに次のように助言しました。「万一の場合はボランティアでもよいということにしてもらうよう、云ってみてはどうですか。八王子では身体の不自由な子に数人のボランティアが交代でついているところもあります。市の社会福祉協議会などに相談してみればボランティアがみつかると思いますけれど。」

　**3月**。わたしとの相談は終了。インドネシアに行くので相談が続けられなくなりました。以下はそのときのお母さんの感想です。

「古賀先生とお知り合いになれてからもう3年以上にもなるんですね。なんだかあっという間だったような気がします。当時のわたしは、穂乃子のようなこどものことについてはまったく何も知らない状態でした。保健所で今野先生に指導していただき、半信半疑でその通りに実行しましたらすこしずつ確実に変わっていくのがわかり、とても嬉しく思いました。それでも保健所ではとても期間があきすぎて不安がだんだん大きくなっていきます。そんなときに古賀先生とめぐりあえましたので、とてもラッキーだったと思います。初めのうちはわたしの精神安定剤的要素があったと思います。それと親だけが見ていたらとても穂乃子に鋏など使わせられなかったでしょうし、その他いろいろ穂乃子をみていたら「無理だ」と勝手に判断してやらせなかったのでは、と思います。先生と穂乃子とのやりとりを見聞きしていて、根気よくあきらめないでということがよくわかり、そのことがわたしに一番欠けていたところだということがよくわかりました。古賀先生には親子ともにたいへんお世話になり感謝しています。本当に有り難うございました。（1990）」

アンケートへのお母さんの回答

**小学校時代**　1～2年のときはいろいろあったが、まあ楽しかった。3年のときの先生は障害についての知識がまったくなく、また勉強を教えてくれる気持ちもなく、先生自身が心の病に冒されている（ヒステリー多発）ようだった。

穂乃子はひととのつきあいが苦手だが、遊びにきてくれる友だちもいた。勉強は本人にはあわない。苦労したのは校長の無理解。3年のときの担任にたいし強い拒否反応があり登校拒否になったので、3年の2学期から特殊学級のある学校に転校して特殊学級にはいった。しかし前の学校ででていたことができなくなったり、気持ちの落ち込みや他の子を叩いたりする行動がひどくなった。指導方法が悪かったのだとは気がつかなかった。

教科担任に敏感な影響をうけたが、5年のときの先生には恵まれ、成長が感じられた。6年のときの担任はひどかった。1週間もたたないうちに「先生嫌い」と言い続け、いらいらがひどくなったので授業を見学にいった。こどもに合った授業どころか、嫌がっているにもかかわらず無理に指導しているのを見て、それから連日学校に行き、合っていない指導を直すようにお願いしたが受け入れられず、校長先生にお願いするということを繰り返した。これを知ったかねてから不満の他のお母さん方も協力してくれたが、担任は「自分は障害児指導のプロで母親たちはシロウトだ」とし

て話にならなかった。校長は協力的だった。H市の教育委員会も都の教育委員会も、学校に指導にきてくれたが、教師の態度は変わらなかった。それで強く希望して12月にクラスをかえてもらった。それからは少しずつ落ち着きを取り戻し、元気もでてきた。しかしときどき前の嫌なことを思い出しては不安定になったりもした。

**中学校時代**（**養護学校・中等部**）　楽しく過ごせている。先生には恵まれた。友だちは仲良くしてくれる。親子ともに山歩きに行ったりしている。勉強は本人にあったこと、また興味をもったものをタイミングよく教えてくれる。苦労はしていない（1997）。

その後、養護学校・高等部にいき、高等部を卒業してから、作業所にいくようになった。

以下はお母さんからの年賀状です。**太字**は本人の書いたもの。

●**4がつからさぎょうにいきます　ほのこ**（2001・18歳）（母と二人で山登りの写真。同じくらいの背丈になっ

た）

●**虹の家でたのしくしごとをしています**（２００3・20歳）（上手な字）

●毎月の屋外活動やスポーツ、旅行など楽しみながら仕事もしています（２００５・22歳）。（お母さんと二人のハイキングの写真）

●忘年会はディズニーランドに行きました。とてもよい顔で帰ってきました（２００６・23歳）。（お母さんと二人のハイキングの写真）

●作業所が大好きで、毎日喜んで通っています。今年の4月からは3施設合併で法人化になります（２００７・24歳）。

●法人化されて大きく環境が変わり、本人はとても戸惑いがあったようです（母と娘の連名）。（２００８・25歳）

●お体気をつけて下さい（２００９・26歳）。（長崎・グラバー邸の庭でお母さんとの写真）

●慶福・幸せな1年でありますようお祈りいたします（２０１０・27歳）。

（古賀・毎年のようにお母さんと山登りやハイキングの写真の年賀状、いいですね。写真はお父さんが撮ってくれるのでしょうか？）

## 6. 武蔵野東学園に高校まで行き、いまは落ち着いて家事も

佐藤裕一郎　26歳（自閉症）

１９８７（昭和62）年10月、３歳10ヶ月のとき、お母さんが、裕一郎くんのことばがでないのを心配して『ぞうさんの部屋』に相談にきました。

裕くんが口にするのは、ナニ、イヤだけ。名前をよんでもたいていは知らんぷりです（たまには振り向くこともありますが）。ひとの云うことを繰り返して云うことはしないが、訳の分からない独り言を云います。ことばを真似させようとしても云いません。簡単な命令、たとえば「その戸を閉めて」などと云うとその通りしてくれますが。

なにか要求があると、お母さんの手をひいて連れて行き、指でさします。知的興味としては、絵本はぱらぱらと見るがすぐ投げ出してしまう。テレビは、「にこにこぷん」「ぽんきっき」などは見ます。気が向けば簡単なはめ絵パズルやジグソーパズルなどをすることもあります。本はつぎつぎと引っ張り出し、パラパラとめくるだけ。自動車を並べたり走らせたりすることは好き。その他の遊びはすぐに飽きてしまう。近所のこどもには全く興味を示さない。お母さんはどう相手をしていいのかわからない、ということでした。

いままでに３回（1歳、2歳、3歳のとき）ひきつけ（熱性痙攣）を起こしたことがあり、いままで

も中央病院から薬をもらっています。

『ぞうさんの部屋』には**小学校入学までの2年間**きたのですが、いろいろ工夫してもなかなか声を出しませんでした。何かをやらせようとしても落ち着きがなく集中せず、そこらをうろうろしたり、ちょこちょこ動きまわったり、とんだりはねたりします。顔の表情はいつもは無表情なのですが、好きな車（ミニカー）を並べたり走らせたりするときや車の本を見るときなどには、少しニコニコして表情がでてきました。車が好きなのだから、ブーブー（乗用車）、ピーポーピーポー（救急車）、カンカンカン（消防車）などの声を引きだそうとしましたが、これはなかなかできませんでした。棒に同じ色の輪を選んでさす遊びも、初めはめちゃくちゃでしたが、赤い紙の上に赤い車を置く、黄色い紙の上に黄色い車を置くということはできた。それからだんだんに輪を色別にさすのもできるようになりました。その後、色分け、型はめ、パズルなどと進めていきました。

固執性とかこだわりとか自閉症特有のくせはあまりなかったのですが、私が外国にいくことになり見てあげられないので、自閉症教育に熱心な武蔵野東学園小学校に入ることを勧めました。お母さんは学校を見学したり、そこで出している本（貸してあげた）を読んだりして、その学校にいれることにしました。**武蔵野東学園では小学校、中学校から高校へ**と進みました。

以下はお母さんからの年賀状です。

●裕一郎も新しい学校に慣れ、ひとりで帰ってくるようになりました（武蔵野東学園高校1年）

（２０００・高１）。

●裕一郎も今年は高３になります（２００１・高２）。

●私は足の動脈弁がこわれ、杏林大で検査、手当はなく、ニベラをのんでいるだけ。冷えで血流も悪いようです。裕一郎は今年成人式です。毎日は早いものですね。『ぞうさんの部屋』でとびはねていたのが嘘のようにおとなしくなってしまい、２時間でも３時間でも待てるようになり、一昨年の娘の結婚式ではどうしようかと思いましたが、出席させたらとても行儀良くできました。いまでは家事もよく手伝い、毎日の仕事として洗濯干し・茶碗拭き・ゴミ出し・その他をやってくれます。買い物も、５、６品くらいならスーパーから買ってこられるようになりました。東学園ではたいへんなことが多かったのですが、多動が治ったのであとはおまけだと思っております。いまは富士見作業所へ通所しています。歩いて30分くらいかかりますが、一人で行けるのでよい運動になっているようです。人とのコミュニケーションは下手です。一度伺おうと思いつつ、果たせないままに過ぎています（２００４・20歳）。

●裕一郎は22歳になりました。作業所へは一人で行き、家事もよく手伝ってくれます（２００６・22歳）。

●裕一郎もなんとか作業所へ通っています（２００８・24歳）。

●裕一郎は相変わらずですが、いろいろこだわりがでて毎日がたいへんです（２００９・25歳）。（虎の絵の年賀状）（２０１０）

（古賀・20歳のときのお便りで安心したのですが、今はこだわりが出て毎日たいへんだとか。どんなこだわりがでてきたのでしょうか。他の人に差し障りのないことであれば、勝手にこだわらせておけばいいでしょうけれど、他の人をまきこむようだと困りますね。）

## 7. お母さんがグループホームを作るためにがんばっています

山田　勇　26歳（自閉症・知的障害）

**3歳**の男の子で、ことばをほとんど話さない、他のひととのかかわりを拒む、高い煙突や変圧器のついている電柱などをこわがる、知らない場所にくるとこわがり、腕で顔を隠す、掃除機の音をとても嫌がる、機嫌が悪くなると自分の手で頭を叩く、などが心配で相談にきました。**1987（昭和62）5月**のことです。

お母さんとの関係はとてもよく、膝の上にも乗ってくる。お母さんが台所にたつと、「のんの!」と云いながら台所の台をたたくので、のせてやると母のすることをじっと見ている。「これはニンジン」「タマゴ」「牛乳」などと見せながら云ってやると、その通りまねる。

以下、お母さんの書いたノートから古賀がまとめたものと「　」はお母さんのノートそのままです。

**６月**　おうむ返しで云えることばを書き出してみたら、１週間で60語近くありました。ニンジン、ムミチャ（麦茶）、アイシュ（アイス）、ティンカンテン（新幹線）は、自分から云いました。一日に何度か、些細なことでパニックになり、大泣きをします。公園などではとてもよく歩くのに、出先ではほとんど抱っこかおんぶです。

（古賀・なれている公園では安心して歩けるのでしょうが、馴れない出先では不安なのでしょう。もう少しの間、安心させてやって下さい。）

ときどき遊んでいるとき誰もそばにいないのに気がつくと、お母さんを連れてきてそばに座らせたり、抱きついてきたりします。お母さんはなるべく勇ちゃんのそばにいていっしょに遊んでやろうとは思うのですが、なかなかいつも思うようにはできず、家事も中途半端、勇ちゃんとも十分遊べないなど、時間の配分に苦労しているようです。

（古賀・ほこりで死ぬわけではないし、いろいろ便利な世の中ですから、もうしばらく家事は二の次でもいいのではないですか。家族にも了解してもらい、協力してもらって、あまり気にせず手抜きで今をきりぬけましょう。）

身体を使った遊び、くすぐりっこ、おいかけっこ、両親の手でブランコ、毛布にいれて両親が両端をもってのブランコ、布団巻き、股くぐり、「高い高い」、風呂の中での水（湯）遊び、ホースで遊ぶ、ペットボトルで遊ぶなど、けらけら笑って遊ぶような遊びをお父さんと二人で工夫してたくさんしてあげてください。）

（古賀・お母さんが一生懸命相手をしてもうまくいかず、同年齢の子とくらべて落ち込んだりするのを励ましながら、『ぞうさんの部屋』でもいいときもあり、うまくいかないときもあり、の状態でした。）

**7月**　山中湖で『ぞうさんの部屋』に来ている人たちとそのお母さん（お父さん）で合宿をしました。散歩をしたり、陶器に色を塗ったり、遊覧船に乗ったり、夜はキャンプファイアもしました。勇ちゃんはいちばん小さい方でしたが、大好きなお父さんにくっつきっぱなしでしたね。お父さんが、お母さんや勇ちゃんを助けてとても力になって下さっていることがよくわかりました。こどもたちが疲れて寝てしまってから、何人ものお母さんたちとお話し合いができたのはよかったですね。

（古賀・お母さんは集団にいれるのを迷っていましたが、ぜひ3年保育（3歳から）の保育園に入れるようおすすめしました。3歳児は、まだことばも身の回りのこともあまりよくできないし、お母さんの姿が見えないと泣く子もいます。そうした子たちのなかにいる方が4歳児のクラスに入るより違和感がありません。刺激を受け、少しずつ興味もひろがり、集団のきまりもだんだんわかってきます。それに3歳児のクラスはたいてい12、3人の少人数です。これが4歳児のクラスだとみんながなんでも自在にしゃべり、しっかりしていて、人数も多いから、そのなかに遅れた子が溶け込むのは難しくなります。）

**11月**　前に渡した絵カードを見て、少しずつ声を出してくれるようになりました。ケーキ、ミズ、オスベリ、ブランコ、バス、シンブン、サンリンシャ、テレビ、デンワ、ミカン、ゾウサン、ハシ、ジドウシャ、トケイ、ゴハン、アンヨ、アイス、デンシャ、クツ、ネコなど。2音、3音、4音くらいのものは、静かに向かい合ったり、抱っこしたりしたときにはよく云えます。『ぞうさんの部屋』でもお母さんに抱っこしてもらい、古賀と二人で相手をしてみました。

絵カードだけではなく、棒刺しやはめ絵パズル、積み木などもかなりできるようになりました。

**1988年1月**。「保育園入園が決まりました。自発語もすこしずつ増えてきました。いままでは無関心だったのが、飛行機の音、動物の鳴き声、自動車の音などが聞こえると振り向き、その方向を探したりするようにもなりました。」

**4月**「保育園に入園。3歳児は18人で保母さんが3人。勇ちゃんには一人ついてくれます。脳のCT検査をしたら、右の脳室は正常、左の脳室が70％位肥大しているとのこと。」

（古賀・脳水が溜まり脳を圧迫しているのでしょうか？　左の脳には言語野があるが、そのせいで言語発達が遅れているのでしょうか？）

**1989年1月**「保育園にはいり、とても成長しました。子どもたちも勇ちゃんを仲間の一人として認めています。先生方も発達の度合いをきちんと把握して指導してくれています。食事も衣服の着脱も排泄も、すべて一人でできるようになりました。」

**7月**「だんだんに、『～しよう』『～してね』という誘いに従ってくれるようになりました。パニックも減りました。」

（古賀・保育園に大好きな先生がいて、勇ちゃんが不安がっているときにはしっかりと受け止め、落ち着かせてくれています。設定保育（先生が準備してやらせようとすること）にはすべて勇ちゃんも参加できるように介助して下さいます。この毎日の積み重ねが大きいですね。）

**9月**「夏休み。札幌の私の実家に行きました。それから祖父母、私の弟一家といっしょに民宿に泊まるという初めての体験をしました。親はあちこち気を使って大変でしたが、みなに励まされて「当たり前」の体験ができたことはとても楽しい思い出になりました。「障害児だから」と、つい親は引っ込み思案になりがちですが、なんでもやってみることがとても大切だと改めて思いました。」

（古賀・よかったですね。本当にそうですよね。外に連れ出すことに慣れていく、開き直りが大切でしょうね。『ぞうさんの部屋』では、やっとこの頃からお母さんと離れて課題をこなすことができるようになりました。前には扇風機が回っているのを見ると怖くて泣きましたが、いまでは見ても泣かず、1時間くらいじっとしていられるようになりました。）

**1990年2月**「前には私と同じものをじっと見るということができなかったのですが、いまではそれができるようになり、私は息子と同じ物をみていると確認できて嬉しいです。」

（古賀・保育園でもとてもうまくいっていて、2語文もでてきたし、質問されて少し答えられるようにもなりました。まだ気分にむらがあって、課題にのりにくいところはあるけれど、元気に、呑気に、根気よくやっていきましょう、ということで、『ぞうさんの部屋』は終了。この3年間ここでやっていたことは、すぐ不安になるお母さんとそれを敏感に感じとってしまう勇ちゃんを支え、励ますのが仕事だったと思います。不安がるお母さんを励まして保育園にいれたのは大成功でした。とても熱心でやさしい保母さんに見守られ、それを見ている子どもたちも優しく普通に接してくれて、この2年でとても成長しました。入学まであと1年がんばってね。）

おかあさんからの年賀状

●私は親の会の作業所で給食と会計の仕事をしています。板橋にも入所施設ができます。少し夢が広がりつつあります（2000・16歳）。

●勇は今年18歳です。養護学校高等部でがんばっています（2002・18歳）。

●勇は毎日ヘルパーさんやボラさんの支援を受けて楽しく暮らしております。今年は法人で生活の場を作っていきたいと考えております（2004・19歳）。

●それぞれの道をしっかり歩んでいます（2005・20歳）。（兄弟3人の写真）

●勇は水泳、スキーを楽しみ、多くの人たちの支援を受けながら毎日の暮らしを充実させていくと思います。わたしたちは勇たちが穏やかで暖かな暮らしができる終の棲家を作るため頑張っていこうと思っています。どうぞ応援して下さい（2006・21歳）。

●今年はいよいよグループホームを考えています（2007・22歳）。

●勇が20歳を過ぎてから本当に普通の暮らしができるようになってきました。また旅行もたくさんしています（2008・23歳）。

（スキーをしている姿と沖縄での写真）（２００９・24歳）

〈２００９年のアンケートから、お母さんのことば〉
＊年齢　24歳。区立福祉更正園に通っている。グループホームなどで自立に近い生活をさせたい。
そのための運動をしている。
＊異性への関心：たぶん、あまり興味はないようだ。
＊楽しみ：水泳、スキー、ボランティアさんとのおでかけ。
＊気になっていること
知的に重い方ですが、いまは多くの支援者に支えられて豊かな暮らしをしていると思います。

今の生活をずっと続けられるようにしていきたいと思うので、そのための仕組みをこれから作っていきたい。

成年後見制度のこと。

トータルマネジメントの仕組み。

（古賀・こういう問題は障害者だけでなく、わたしたち老人の問題でもあります。親切なケアマネージャーさんに出会えるか、信用できる成年後見人に出会えるか、一人暮らしの老人、認知症になりかけた人などはまったく同じですね。弱者をみんなで支える仕組みを作り、みんなで支えようという気持ちを育てることが大切だと思います。）

## 8. 私立の小・中・高に通いました

平井健一　25歳（知的障害）

最初、健一くんが**6年生のとき**、お母さんが相談にみえました。健一くんには軽い知的障害がありますが、頼まれれば買い物をしてくるなどはできます。その後も、ときどきお母さんが相談に来室したり、電話で相談があったりします。健一くんは『ぞうさんの部屋』には来ていませんので、自閉的傾向があるのかどうかはわかりません。

そのころ、東京・小平にある**私立の小学校**、**サレジオ学園**に電車とバスで通っていました。小学校だけの学校で、1学年1クラスしかなく、健一くんのいるクラスは男13人、女5人でした。勉強は国語と社会が好きで、また漢字を習うのも好きでした。先生は健一くんに音楽の才能があるのを認め、3年生のときからバイオリンを教えてくれました。

また、遠山真学塾（「水道方式」で算数を教える塾）にも、週1回毎回1時間半、ひとりで通いました。いちど財布を落としたことがあり、駅員にいってお金を借りて帰ってきました。

中学に進学するとき普通学級はむずかしいし特殊学級にはいれたくないということで、お母さんは健一くんを群馬県の六合村（くにむら）にある**白根開善学校**にいかせることにしました。

この学校は元・東邦大学教授の本吉修二さんが自費と寄付金で１９７８年に創設した学校で、全寮制・中高一貫教育、非行・不登校・知的障害などのこどもを受け入れています。健一くんのはいった総合科は軽度の知的障害・自閉症などのこどものための中・高等部で、家族もちの教諭が生徒と同じ寮に住みいっしょに生活します。授業のほか、100キロ独歩・スキー合宿・修学旅行などにも参加します。帰省のときでも親の迎えなどもありません（興味のある方は電話0279—95—5311に問い合わせてください）。

以下はお母さんからの年賀状です。

●健一の中学生活も2年になろうとしています。少しずつたくましくなってきましたが、一度うかがいたいと思っています（2000・中2）。

●健一の親元を離れての生活も4年目になりました。それなりの成長はあるのですが、いよいよ高校卒業後のことも考えなくてはいけない時期になってきました。またご相談にうかがうかも知れません（2001・高1）。

●4月から健一も高3になります。次のステップに向かってあわただしい年になりそうです（2002・高2）。

●息子の進路はまだ決まっていませんが、焦らずみつけていきたいと思っています（2003・高3）。

●昨年は病院通い、親の介護であわただしい1年でした。11月で健一も20歳になりました。将来のことを考え、いろいろやっています。またご連絡します（２００６・20歳）。
●健一も21歳になりました。月日のたつのは早いものだと感じています（２００７・21歳）。
●昨年は親の介護と主人の病気であわただしい１年でした。健一は市内の作業所に通っています（２００８・22歳）。
●喪中（２００９・23歳）
●健一の就労支援期間も３月で終了となり、これからのことを決めなくてはならなくなりました。長い目でみなくてはいけないのですが、どうなるか心配しています（２０１０・24歳）。

〈２００９のアンケートから、お母さんのことば〉
＊社会人　23歳。作業所に通っている。給料　月１万円くらい。
＊グループホームなどで自立にちかい生活をさせたい。そのための運動はまだしていない。
＊異性への関心：女性とあう機会がない。
＊楽しみ：鉄道です。自分ででかけていろいろ見ているようです。
＊気になっていること：
作業所へ週４日通い、就労支援センターにも通い、就職をめざしていますが、不況でどうなるか不安です。

対人関係がうまくできないので、親としてどのようにしたものか悩みます。

一人っ子なので、グループホームも考えていますが、年金と自分の給料でやっていけるのか、また親が亡くなったあとのことも心配です。

成年後見制度も説明勉強会に参加してみましたが、難しい問題だと思います。

（古賀・わたしも地域の「一人暮らし老人の助け合いボランティア」をしていて、成年後見制度について説明を聞きました。実際にひきうけた方の話をききますと、あれこれ書類をそろえたり、足を運んだり、半年くらいかかった、とのこと。「ずいぶん面倒な制度だ」といっていました。他人の財産の管理をまかされるわけですから、あまり簡単でも困りますけれどもね。）

## 9. ピアノが上手な真子ちゃん。異性にも関心のでてきた乙女に

柴田真子　21歳（知的障害・自閉的）

一家は大阪に住んでいますが、お父さんが東京出張のとき『ぞうさんの部屋』を探して突然お出でになりました。その後1、2回、お母さんと真子ちゃんが大阪からきてくれました。

軽い自閉的傾向と知的障害のあるおとなしい女の子でした。優しいお父さんとお母さんにつつまれた幸せな女の子という印象でした。それ以来、年賀状でのおつきあいです。

以下はお母さんからの年賀状です。

- 去年春、**養護学級**（東京でいう特殊学級を大阪では養護学級という）にはいりました。国語・算数

を別に勉強しています。３年では理・社も、といわれています。なんとかいっしょにできないかなと考えています。わたしは去年春、ささやかなエレクトーン教室をひらきました。真子もピアノを習い、両手奏ができるようになりました。二人ともすこしずつがんばろうと思っています（１９９８・小２）。

•先日のピアノ発表会で「セサミストリート」を親子で連弾しました。ささやかな小さな夢がひとつかないました。今年もゆっくりペースで……（２０００・小４）。

•家族がひとり増えて急ににぎやかになりました（弟が生まれた）。真子はたくさん淋しい思いをしていると思いますが、なんでもひとりでやってくれるので助かっています。まだかかわりが少ないのですが、下の子が動くようになれば変わってくるかなと期待しています（２００１・小５）。

•たいへんかも知れませんが、真子を**地元の中学校**（養護学級がある）へ進学させることに決めました。できないことも多々ありますが、マイペースでがんばると思います。２月の発表会では真子の念願の「エリーゼのために」を弾きます。毎日練習しています（２００２・小６）。

●原学級・養護学級ともによい担任にめぐまれ、楽しい中学生活をおくっています。秋の文化発表会では全校生徒の前で「エリーゼのために」を弾き、本人おおいに自信をつけました。ゆっくり成長をみまもっていきたいと思っています（2003・中1）。

●昨夏の発表会では「渚のアデリータ」、秋の文化祭では「世界にひとつだけの花」を弾きました。もっと弾く時間をふやしてやろうと部屋にキーボードを買ってやったら、デモ演奏ばかり聴いていて、ちょっと失敗かなと思っています（2004・中2）。

●春から**養護学校高等部**に進みます。環境がかわるので、少し心配です。年明けからの自力通学に備えて、携帯電話の練習をはじめます。先生もお身体大切に。たくさんの子どもとお母さんたちを力づけてあげてください（2005・中3）。

●一日も休まず養護学校高等部に通っています。農業は苦手ですが、机上の作業は好きなようです。今年は自力通学が目標です。10月から水泳をはじめました。まじめ～に泳いでいます（2006・高1）。

●落ち着いて高校生活2年目を過ごしています。電車・バスを乗り継いでの自力通学ができるようになるのが春までの目標です（2007・高2）。

●秋に相愛大学の立派なホールで「ピアノによるお江戸日本橋」を弾きました。春からは電車を乗り継いで作業所に通います。ピザ作りや「さおり織り」をする予定です。しっかりサポートしていくつもりです（2008・高3）。

●昨春より隣の和歌山県の作業所に通い始めました。通勤1時間、乗り換えもありますが、休まず通っています。仕事は「さおり織り」です。のんびりしたおだやかな作業所です。ピアノも少しずつやっていて、昨年の秋もまた大学の講堂のスタインウェイで弾かせてもらい、本人もご機嫌でした（２００９）。

●11日には成人式に参加します（和服姿の写真）。親付きです。写真は9月に前撮りしたものですが、まんざらでもない様子でした。頼りないなりに、なんとか大きくなってくれてホッとしています。「さおり織り」もずいぶん慣れ、「上達した」といってもらっています。でも本人は休みの日がなによりの楽しみのようです（２０１０）。

〈２００９のアンケートから・お母さんのことば〉

＊年齢　19歳。作業所に通っている。給料　月４５００円くらい。

＊親が弱ってきたら、グループホームなどで自立に近い生活をさせたい。そのための準備はまだしていないが。

＊いまは、異性への関心がとてもある。高校まではまったく関心がなかった。いまの作業所にはいって、ひとりの男性がとても気になり、まわりがハラハラするくらい積極的に近づいていっている（手をつないだり、肩をくっつけたり、席をたつとついていったり）。親としてはひとに興味をもってくれるのは嬉しい反面、あまり人前でべたべたするのも他の人に恥ずかしいなと思っている。

＊楽しみは、ＣＤを聴くこと、ピアノを弾くこと、写真を見ること。
（古賀・「本にしていいですか」というお便りのご返事で、真子ちゃんがいろいろなホールでピアノ演奏をしているビデオを送って下さった。さすがお母さんの指導がよく立派に弾けていて感激しました。）

## 10. ルナ相談室で、テレビをやめ麦飯を食べて薬をのんだ

東　佳男　20歳（自閉的傾向・知的障害）

１９９４（平成6）年の1月、ちょうど3歳になったばかりで『ぞうさんの部屋』にきました。ことばを話さない、全体的に幼い、ということで相談にこられたのです。

1歳3ヶ月のころは、オイシイ、バイバイ、ネンネ、などと云いだしていたのですが、3歳のいまになっては全くことばを話さなくなってしまいました。名前を呼ぶと振り向きます。お母さんに頼みたいことがあれば手をひいて連れて行く。簡単な命令、たとえば「戸をしめて」などと云っても、わからないのか、まるで反応がありません。おうむ返しはしません。

生活面では、偏食がひどいけれども一人で食べます。スプーンと箸を使うが、箸は握り箸。利き手は決まっていません。トイレは怖がるのでおむつをしています。遊びは、積み木をお母さんとするくらい。ブランコは自分ではこげないので押してやります。滑り台は好きです。

1歳半のとき、指さしをしないし、ことばが出ないということで東村山幼児相談室に月2回と、

ルナ相談室に月1回通いました。ルナ相談室長は、「テレビに子守をさせないで」という本を書いた人です。ルナの勧めで、レシチンとビタミン剤をのみました。またテレビをやめ、食事療法としてごはんに麦をいれてよく噛むようにしました。しかし、そこで「重症だからことばは出ないだろう」と云われたので、行くのをやめました。

2歳のとき、大晦日、姉が風邪で入院し母がつきそいました。家にはお父さんが居たのですが、お母さんがいないので毎晩夜泣きをしました。目があわないのが気になり出しました。なにを云っても反応しません。ビデオで「あんぱんまん」を見せると喜びますが、真似はしません。2歳過ぎて、前にはキャーキャー喜んで反応していたのに。

東村山の相談室は1歳半のときからずっと続けています。ここでは1対1で指導してくれます。呼んでも反応しないので耳鼻科で聴力検査をしました。聴力に異常はなかったのですが、これで医者嫌いになりました。

3歳のお正月ころからはお母さんにべったりで、お父さんには甘えなくなりました。『ぞうさんの部屋』では、ボールをころがしてみました。何度かやっているうちに、それを目で追うようになりました。お母さんに抱っこしてもらい、ボールをころがすと、お母さんとふたりで投げ返してくれました。また積み木を高く積むと、それを倒しにくるようになりました。広告の紙を破いたり、まるめてころがしたりもしました。そのうち、やさしいはめ絵をわたしといっしょに少しずつやるようになりました。

お母さんには、おうちで、くすぐったり、追いかけっこをしたり、とにかく身体を使って遊ぶようにお願いしました。また、「だるまさん、だるまさん、にらめっこしましょ。笑うと負けよ、あっぷっぷ」「一寸法師こちょこちょ、叩いてさすってつまんで終わり」「ちょち、ちょち、あわわ……」などの手遊び歌を、まずお風呂の中でやり（狭いからよい）、できるようになったら外でもたくさんやるように勧めました。

そのうち反応がでてきて、少し声も出るようになってきましたが、期間が短かったのでことばを話すところまではもっていけませんでした。わたしは4月から岩手に3年間行くことになっていたので、お相手したのは僅か3ヶ月足らずでした。わたしの都合でうち切りになったにもかかわらず、『ぞうさんの部屋』の雰囲気を気に入ってくださっていたのか、いまだに年賀状を下さいます。

それ以来お手紙だけのおつきあいになってしまいました。佳男くんは、学校は養護学校・小学部にはいり、それからその学校の中等部・高等部に通いました。

お母さんからの年賀状

●ご無沙汰しております。佳男も今年は養護学校小学部6年になります。学校が好きらしく、毎日元気に30分かけて歩いて登校しています（2002・小5）。

●今年は佳男も中学生になります。昨年は一輪車に乗れるようになり、元気に過ごしております（2003・小6）。

●中学1年になり、元気に登校しております（2004・中1）。
●今年は佳男も養護学校・高等部の2年生になります。親子ともども元気です（2007・高1）。
●高校生活もあと1年になってしまいました。卒業後のことを考える大切な1年になります（2008・高2）。
●いよいよ卒業です。残り少ない学校生活を大切にがんばります（2009・高3）。
●佳男は調布市不田にある「しごと場大好き」という作業所に通っています。アットホームな作業所で、みなさんに仲良くして頂き、曜日ごとにちがった活動をして楽しく過ごしております（2010・19歳）。

〈2009のアンケートから、お母さんのことば〉
＊社会人　18歳。まだ仕事をしていない。グループホームなどで自立に近い生活をさせたい。まだ何も準備していない。
＊異性への興味：ないようだ。
＊楽しみ：好きなCDを聴くこと。
＊気になっていること：頑固なのか反抗期なのか、口で言っても云うことをきいてくれず、どなってしまいます。どのように動かすか頭が痛いです。
（古賀・もう18歳ですから、お母さんの思うようにばかりはいかないでしょう。命令口調ではなく、お母さん

も言い方に工夫をしないとね。)

# 11. お母さんと作業所でがんばっている。夏の祭りが大好き

長沢　明　20歳（ダウン症）

岩手に住んでいるとき、盛岡児童相談所の巡回相談で1995(平成7）年にA町で出会いました。三歳児健診のとき、ことばはほんの少しだけしか出ず、排泄・衣服の着脱などもまだできませんでした。家族は両親との3人。

教育委員会からは盛岡にある県立養護学校（小学校から高校まで）に入学するように勧められましたが、そうするといま住んでいるA町からは遠いので、盛岡の寄宿舎にはいることになります。小学校1年から高校卒業まで離れて過ごしたら、卒業して戻ってきても地域にはとけこめなくなります。それに身の回りのことも一人でできないのに、親と離れて暮らす生活なんてあまりにかわいそうです。それで地元の小学校にいれてもらうことを勧めました。それ以来のおつきあいです。

お母さんからの年賀状

●明も体力がついたようで、元気に学校に通っております。私も少しの間いろいろな活動に参加できるようになりました（祭りの法被姿の写真）（２０００・９歳）。

●明も学校の姫神登山やマラソンに参加できました。少しずつ体力がついてきたようです。このごろは反抗することも覚えたようです（２００１・10歳）。

●明はおしゃべりになりまして、うるさいぐらいです。このごろは生意気にもなりました。地元の中学校にと思いますが、すこし難しいようです。でもがんばってみます（にこにこした祭りの法被姿の写真）（２００２・11歳）。

●明は体力がつき、大病もせず元気に通学。地元の中学に進ませたいと思い、教育委員と接触しようと試みていたのですが、それを小学校から止められてしまい、教育委員会か中学から呼び出しがくるまで待つしかないようです。不安な新年を迎えています（２００３・12歳）。

●明はお陰様で地元の中学の養護学級でお世話になっています。毎日いろいろありたいへんですが、親子でがんばっています（２００４・13歳）。

●明は中学を卒業し、近くの作業所（すずらん工房）に通っています。いろいろとありまして、私もいっしょに通っています（２００７・16歳）。

●お元気でしょうか。いろいろありまして、親子でまだ作業所に通っています（２００９・18歳）。

●息子と二人でがんばっています。体は大きくなりましたが、心も少しずつということをきかなくなりました。（２０１０・19歳）

（古賀・明くんが盛岡の学校にいかず、地元でがんばったことが次の人、その次の人も地元でがんばる力になれるよう、若いお母さんを励ましてあげてください。困ったことがあったら電話して下さい。）

## 12. けいれんが続き、心配です

広野智之　20歳（自閉症）

この人は小さいときの記録が残っていないので、この本にはのせないでおこうと思ったのですが、調子のいい人だけをのせては片手落ちになると思い、不備な点も多いのですが、こういう人もいるということで書かせていただきました。

智之くん一家は小さいときは東京に住んでいまして、『ぞうさんの部屋』に来ました。ことばが遅い、自閉的なお子さんでしたが、なかなか知的な力はあるなと、楽しみにお相手していました。普通学級に行っていましたが、いろいろ苦労がありました。小学4年生のとき横浜に引っ越しました。

以下は2003年以降のお母さんからの年賀状です。

●4月から中学生です。ご無沙汰しておりますが先生お元気でいらっしゃいますか。横浜へ転居してから早いもので3年がたちました。智之はいま、身長163cm、体重51kgと、すっかり大きくなりました。中学までは歩いて片道20分、ひとりでがんばって通学できるようにさせたいと思っています（2003・小6）。

●中学になり、やっと一人で通学ができるようになりました。昨年はパソコンで描いた恐竜の絵が横浜市教育委員会から賞を頂きました。ご健康を祈ります（2004・中1）。

●智之は、4月から県立の養護学校高等部へ進学予定です。横浜は学校までの送迎バスがありませんので1年間は往復2時間の送り迎えとなります。智之は自分でできることが増え、あとはバス・電車を使っての自力通学のみとなり、頼もしい限りです。偏食がなくなり、新年のおせち料理も楽しみながらパクパク食べてくれて、とても嬉しかったです。3月の卒業式に出席できることを祈るばかりです（2006・中3）。

●智之は楽しく高校生活を過ごし、また余暇活動（ボーリング、カラオケ、調理など）を楽しんでいます。私の病気は完治しましたが、智之は洗濯物畳みなど、家でのお手伝いもしてくれるようになりました。思春期の不安定さはありますが、ますます迫力のある絵を描き続けてくれて、これがとても楽しみです。先生のご健康をお祈り致します（パソコンで描いた凄いロボットの絵）（2007・高1）。

●昨年5月から精神的に不安定な状態が3ヶ月ほど続きましたが、これは体調不良が原因でした。

明けましておめでとうございます

早々に年賀状いただきありがとうございました。
智は楽しく高校生活を過ごし、又余暇活動
(ボーリング、カラオケ、調理など)を楽しんでいます。
私の病気は完治しましたが、
智はせんたくものたたみなど
家でのお手伝いもよく
するようになりました。
思春期の不安定さはあり
ますが、ますます迫力のある絵を
描き続けてくれてこれから
とても楽しみです。

先生のご健康を
お祈り致します。

パソコンのマウス
だけで描いた
智の絵です。

2001年元旦

精密検査で内臓の機能異常がみつかりました。学校の行事はほとんど休みましたが、12月中旬ころから中学時代の智之にもどることができ、ほっとしているところです。4月には高3となり、卒業後の進路のために親子とも忙しくなりそうです（この年賀状は、智之が学校の作業の時間にパソコンで作りました。エクセルもワードも使いこなすことができます。）

（２００８・高2）。（古賀・とてもカラフルな、素晴らしい年賀状でした。）

●昨年8月から「てんかん」のようなけいれん硬直が続いているのですが、脳波に異常がないため診断がつかず、それでも毎日お昼寝の時間を2時間くらいとらないと症状がでてしまい、作業所は午前のみ通所しています。この怪鳥バードンの絵は、養護学校卒業式の翌日に描いてくれました。

　息子は毎日ウルトラマンや怪獣の絵を描いていますが、最近はことばにできない思いを絵にこめています。大きな翼を広げて「社会人となってがんばります!!」と絵で伝えてくれました。旅立ちのメッセージです（２０１０・作業所）。

　この智之くんのほかに、もう一人、いつも本人から絵だけの年賀状が届きお母さんからの一筆がない人がいるので、どうしているかと電話をしてみたところ、成年になって自閉症の症状が強くでてきて、ときどきパニックになり、お母さんに暴力をふるうこともあるとか。病院から薬をもらって昼間は作業所に通っているということでした。

もうすっかり心配のなくなった人は連絡がなくなりますが、『ぞうさんの部屋』に来てから20年以上も経っているのですから当然でしょう。しかし、症状が重くなり苦しんでいる人も、それを知られたくないのか、あるいは私が信頼されていないのか、お便りがなくなることもあると今回わかりました。

# 第4章　高校生になりました

うちの子は普通学級を続けられるかしら、高校入学なんてとても考えられないとお母さん方は心配していますが、ここにのせたひとたちは例外ではありません。知的障害の重度の方や重症の方はやはり難しいと思いますが、軽度の知的障害やことばの遅れだった方々はほとんど自分の程度にあった高校をみつけ、合格しています。自閉的傾向のあったことばの遅れの方、軽度の自閉症の方も同じです。これらの人は記憶力のよさから大学まで行ける方もいます。

重度の障害の方は、中学からまたは高校から特別支援学級または学校に行くことになりますが、ここで生活訓練・職業訓練などをして就職や作業所への道を開いてくれます。そして高校生は自分と同じ程度の人々との生活が楽しいと云っています。

## 1.　通級学級にも通って普通学級で小学校卒業　今は養護学校・高等部へ

青山　伸　養護学校高等部3年（自閉的傾向・知的障害）

1997（平成9）年9月、3歳9ヶ月のとき、ことばが遅い、会話ができない、友だちに無関心である、集団生活がうまくいかない、などを心配してきました。

何か欲しいものがあるとお母さんの手を引いて連れて行く。「窓をしめて」など簡単な命令はやってくれる、名前を呼べば振り向く。しかし気持ちを聞くとまったく答えられない。初めてことばが出たのは2歳過ぎのときで、デタ！、ハッパと云った。名詞は云えるが、2語文は少ない。こちらの云ったことを繰り返す。

絵本は、ディズニー、パオちゃん、こぐまちゃん、トーマスなどをお母さんといっしょに見る。テレビは「おかあさんといっしょ」や歌が好き。相手をしてやれば、「しまじろう」のテスト、パズル、アスレチック、ブロックなどの遊びを続けられる。

「こどもの城」や心身障害児センターなどに相談に行ったが、「4歳になるまで様子を見るように」と云われた。

幼稚園では9〜10時の自由時間には、ボーとすわっていたり寝転がったりしていて、お友だちと接することはほとんどない。お絵かきや切り絵などは、やらないことが多い。外ではからだを使って元気に遊んでいる。滑り台、ブランコ、アスレチックがとくに大好き。砂場遊びは好きではなく、すぐに飽きてしまう。

家でお絵かきや塗り絵などをやらせようとすると、すぐ投げ出してしまう。鋏を使ってかたち通りに切らせようとするとキーキーいって嫌がる。お母さんはどうやって遊んでやればいいのか悩んでいる。

『ぞうさんの部屋』で遠城式発達検査をしたところ、移動運動・手の運動・生活習慣についてはいずれも3歳4ヶ月程度、対人関係については2歳9ヶ月程度、発語については2歳程度、言語理解については2歳3ヶ月程度というところだった。来たときには、色は白いけれど体格はがっちりして背も高く、4、5歳に見えた。それで体格の割に幼く見られるのかも知れない。

（古賀は次のように話した。「嫌がる遊びを無理にやらせても力はつきません。ここで少しずつやっていきます。どうやって遊んだらいいか悩んでいるということですが、取り立てて遊んでやるというのでなくても、お掃除やお料理やお買い物などのとき、いつもすぐそばにおいて話しかけながらいっしょにやって下さい。

そして家事が終わったらテレビは消して、くすぐったり、追いかけたり、ボールを転がしていっしょに拾いにいくとか、外遊びが好きならお父さんに頼んで、ごく近いところでキャッチボール（はじめはビーチボールでも）をして遊んでもらうといいですね。興味がなければ吸収できませんから、まず伸くんが喜ぶことを探してください。『母子遊び』の本をお貸ししますから、そこからできそうなもの、喜びそうなものを探して試してみてください。

いまのところ、知的なことを教え込もうとしたり、質問して答えさせようとしても、ちょっと無理でしょう。もっともっと遊びながらことばをかけて、耳から吸収させてあげて下さい。理解できることばをもっともっと増やしていくと、自分からことばを真似たり、要求語などが出てくるようになりますよ。」）

お父さんが動物園でビデオを撮ってきて、「キリンは何を食べているのかな？」などと質問して答えさせようとすると、伸はビデオを見るのをやめてしまうのです。

（古賀・質問なんかしないで、「キリンさんて、背が高いねー。おいしそうに食べてるねー」など、共感をよぶような語りかけをして下さい。）

お父さんが伸に本を読み聞かせ、誰が、どこで、誰とどうした、というようなことを質問するのですが答えられません。それで答え方を教えようとしているのですが。

（古賀・そんな風に本を読んでもらっても楽しくないでしょ？　1、2年生ぐらいにならないとそんな質問にはうまく答えられませんよ。ともかく、本をみるときは楽しく、なんどでも読んでもらいたくなるように、調子をつけたりして読んであげて下さい。楽しい本を選んでね。ここにある「しろくまちゃん」とか、「ノンタン、ぶらんこのせて」などのノンタン・シリーズなどを、楽しく暗記するくらい何度も何度も読んでやって下さい。）

「ビデオはだめ」というと20分くらい大泣きします。いま好きなのは「たのしいどうぶつえん」「こんちゅう」、こどもチャレンジの「しまじろう」のビデオなどです。

（古賀・ビデオより楽しいものがないと、禁止されれば泣くでしょう。もしどうしても見せるのであれば、一人で見せておかないでいっしょに見て、楽しそうにあれこれ話しかけて下さい。質問ではなくね。）

家で名前と年齢とを云う練習をしていますが、もうすぐ4歳だというのになかなか云えず、質問にも答えることがありません。主人も一度医学的な検査を受けてみた方がいいのではないかと話しています。

（古賀・もし検査をして気が済むなら、してみてもいいでしょう。だけど、きっと脳波などは「異常なし」と出るでしょう。薬で治せるものではありません。何か教えこむという態度ではなく、伸ちゃんが楽しくなること、嬉しくなることをお父さんお母さんが探しだして、それを一回でも多くしてあげる、ということが何よりの早道だと思います。

お貸しした「子どもは手から賢くなる」という本には、手を使う遊びがいろいろ書かれていますが、こんなやさしいこと！　なんて馬鹿にしないで、やさしいことから始めましょう。できたらうんと喜んでやる。褒めてやる。そして自信をもってもらうことです。「急がばまわれ」です。）

11月
お友達と楽しそうにしていたので嬉しかった。親の気分がいいと、子どもも心なしか成長しているように思えます。

12月
幼稚園で音楽会の練習をしているようですが、伸も歌をうたって練習に参加しているようです。

伸は、自分の要求をかなりはっきり伝えるようになってきました。

お風呂でからだを洗うことができない。歯磨きができない。

（古賀・お風呂ではからだを洗うことより、水鉄砲したり、タオルをふくらませて空気をぶくぶくさせたり、あちこちコチョコチョしたりして、お風呂は楽しい水遊びをしてキャッキャッと笑うところにしましょう。）

いかに楽しく相手をしてやるか、いまから考えなくてはなりませんね。

（古賀・いっしょにお料理などもしてみて下さい。ホットケーキ、クッキー、サラダ、などなど。包丁だって大丈夫ですよ。キュウリくらいからやらせてみて下さい。絵かき歌、お母さんが楽しそうにいっぱい描いてあげて下さい。やさしい絵かき歌の本をお貸しします。絵カードもね。）

最近、主人と「学習障害児の本」（上野一彦著）を読んで、伸にあてはまる点が多いので、学習障害児の可能性が高いのでは、と話し合っています。

（古賀・伸ちゃんが学習障害児（ＬＤ）ではないかと気にしていらしたので、学習障害についてわかりやすいようにとプリントを作りました。

ＬＤの定義ですが、プリントに書いたように、

・社会生活をするのに何の困難も見られないが、学校で特定の教科学習にのみ困難を示す子ども。

・日常生活のなかで、子ども同士、あるいは大人とのやりとりは普通にできるのに、特定の教科の学習の場面でつまづく子ども。

というのであれば、伸ちゃんは、「日常生活のなかで困難を抱えている」のですから、これにあてはまらないですね。

幼児ですと、

・自閉症か自閉的なだけで、後に心配なくなるものか

・知的障害か、単なるゆっくりペースか

・言語障害か、単なることばの遅れか

・親の相手のしかたによるのか、

・本人の持って生まれた力の弱さなのか
軽々に判断のつきにくい場合が多いのです。

少し昔は、微細脳損傷、軽度発達遅滞、自閉的傾向、自閉症などと云われていた子が、いまはLD児、広汎性発達障害、自閉症などと云われています。では診断名をはっきりさせないと治療教育はまちがうのか。昔と診断名が変わったから治療教育の方法も変わったのか。それにもいろいろ変遷はありました。しかし本人の興味と程度に応じて、工夫しながら伸ばしていく具体的な指導、これがいちばん大切です。

どんなレッテルを貼られようと、伸ちゃんは伸ちゃんです。伸ちゃんの伸びる力を信じて、焦らず、さぼらず、じっくりお相手をすることが何より大切かと思います。

LDのチェックリストでチェックしたら、伸ちゃんに少しは合うところはあるが、LDとは云えないでしょう。どちらかと云えば、広汎性発達障害だと思いますが、私はレッテルは貼りたくありません。）

4月末、妹が生まれた。
5月　前は名詞しか云えなかったが、「〜している」などと、動詞もずいぶん云えるようになった。カルタ取りができるようになった。食事しながらおちんちんをさわる。
6月　赤ちゃんができて、伸がすこし赤ちゃんかえりをした。そこで私はなるべくスキンシップを心がけてる。
（古賀・お母さんがスキンシップを心がけているとのことで、よかったですね。いっぱい相手をしてやると、おちんちんさわりも減りますよ。）

絵カードで、「のりもの」「きるもの」「くだもの」「やさい」「とり」「どうぶつ」「さかな」などの種類わけをしたらできた。お手伝いを少しするようになった。玩具を口にいれる。

9月　塗り絵が上手になった。石鹸・シャンプー・リンスなどを必ずなめる。

（古賀・LDというよりは自閉的な点がたくさんあることを伝えたら、お母さんは理解してくれたようで、他の子とくらべて焦ってばかりいたのを反省し、伸ちゃんの個性を認めて、伸ちゃんが楽しいと思えるように相手をしていこうと改めて思った様子。お母さんは、河添先生の「障害児の育つみちすじ」を前に読んでいて、早寝・早起きをするようにし、お父さんが朝食前に伸ちゃんと散歩してくれるようになった。

お母さんが「アスペルガー症候群か」と質問、「それではないと思います。アスペルガー症候群とは、ことばの遅れ・知的遅れはあまりなく、対人関係・社会性の発達に問題がある人を云います。伸ちゃんはことばの遅れ・知的遅れがかなりありますものね」と答えた。）

10月　薦められた「自閉症の保育と教育」（平井信義著）を読みました。一時より焦りがなくなり、気持ちも落ち着いてきたので、伸ともじっくりとつきあえそうな気がしています。伸の家での表情もずいぶん伸るくなり、指しゃぶりなども少なくなりました。

11月　散歩を続けています。やると調子がいいようです。冬になり早朝散歩ができなくなったら、家でできる運動がないので困っています。

（古賀・でんぐり返し・芋虫ごろごろ、向き合って足を伸ばしてすわり「お舟はぎっちらこ」、足首をもって手で歩かせる、ダンボールでトンネルを作りそのなかをくぐらせる、お父さんと向き合って手をつなぎお父さんのからだを登らせる、手をつかんで前回り・後ろ回り、伸くんを寝かせて両足をもって「金魚体操」など、いくらでもできますよ。）

11月　慶応病院・小児精神科の先生に診て頂きました。「1対1で、こどもが喜ぶ遊び（1～2歳レベルでも）をたくさんするように」と云われました。また、「じっと相手をみていられるのだから言語獲得の準備はできている。それをどう伸ばすかだけだ」とも云われました。主人も、「ついつい教育的に遊ぼうとしがちだった」と反省したようです。

12月　私の気持ちも落ち着き、ありのままの伸を受け入れることができるようになったと思います。「楽しく」をモットーに相手をする努力をしたいです。

1月　伸の相手が少しずつ楽しくなってきました。相変わらずビデオは見ています。

（古賀・ひとの話を聞く力、ものごとに意欲的・積極的に取り組む集中力、ひとと交われる、これらを伸ばすのにはテレビ、ビデオはさまたげになります。無気力で、人の話をじっくり聞くことのできない人になってしまいます。できたらリモコンを隠してください。）

2月　ビデオ、CDをやめました。大騒ぎもしないであきらめました。文字が好きになったので、「おしゃべりあいうえお」や「おえかきせんせい」で遊んだり磁石のブロックをしたりしていますが、一番好きなのは「お化けごっこ」で、私にお化けになって「おばけさ～ん」とやってもらいたがります。くすぐったり、ころがったり、私もくたくたになりますが、いっしょにふざけながら遊んでいます。妹も喜ぶので、相手をしていて楽しいです。

（古賀・よかったですね。その調子、その調子。）

3月　ひとりごとが多く、気になります。字の練習でうまく書けないのもあります。

4月　幼稚園・年長組　伸がたくさん笑うようなことを、短い時間でも毎日やっています。

5月　夕食後、妹と3人でふざけっこして遊ぶのが、私にもとても楽しくなりました。主人との朝の散歩も再開しました。寒くなっても、12月5日の6歳の誕生日までは続けるつもりです。

6月　幼稚園でやったことを報告してくれるようになりました。しかし、ひとりごとが増え、一日中しゃべりっぱなし。ぴょんぴょん跳び、指をもてあそぶなどが多く、気になります。クイズとして「足にはくもの、な〜に?」「紫色のお野菜はな〜に?」などと私が質問すると、伸が答えられるようになりました。

7月　文字を書く練習、数を中心とした学習やゲーム。

11月　就学時健診　親の気持ちがゆれていたせいか、伸も不安なようで、チックが始まりました。夫婦で学校に呼ばれて行ってきました。「地域のお子さんなので受け入れはするが、伸君にとって何がベストか、もう一度よく考えて」と云われました。「情緒障害児学級などへの通級も考えてみては」とも云われました。

12月　「1年生の人・今年就学時健診の人の母の会」（『ぞうさんの部屋』でしました）に出席しました。そこに来た人たちはお互いに連絡をとりあい、励まし合うことにしました。心強く思いました。

4月　普通学級入学。途中から情緒障害児学級への通級を始めました。それが週1日から週3日となりました。

（古賀・『ぞうさんの部屋』に通ったのは、小学1年の終わりまででした。）

以下はお母さんからの年賀状です。**太字**は本人の書いたもの。

- **こがせんせいことしもよろしくおねがいいたします**（2001・小1）
- **あけましておめでとう**。お陰様で家族みんな元気にしております。伸も、いまのところ1日も休まず学校に通っております。3年生も通級しながらがんばっていくつもりです（2002・小2）。
- 通級しながらなんとか3年生までやってきました。4、5、6年いろいろ難しくなるだろうと思います。伸にとっては何がベストなのだろうといつも悩みますが、前向きにがんばろうと思います（2003・小3）。
- 早いもので、伸も今年で5年生になります。通級しながらなんとか普通学級にとどまっていますが、勉強も難しくたいへんです。親としても悩みながらの毎日です。本人は少しずつですが、お兄さんらしくなってきました（2004・小4）。

●お元気ですか。伸も難しい年ごろ、手を焼いております（2005・小5）。
●伸もこの春中学生になります。区内の心障中（心身障害児支援学級。むかしの特殊学級と同じ）に入学する予定です（2006・小6）。
●片道1時間、電車を乗り継ぎ、中学校に通っています。まだまだ手がかかりますが、がんばっています（2007・中1）。
●伸も中学校でがんばっています。家の中では山あり谷あり。親の私も相変わらず子育て修業の日々です（2008・中2）。
●伸も4月から高等部です（2009・中3）。
●石神井の特別支援学校の高等部に元気で通っています。バスケ部にはいってがんばっています（2010・高1）。

（古賀・お父さんに似て背が高く、バスケ部はうってつけでしょう。がんばってね。）

## 2. 好成績で高校特進クラスに合格

宇田川昭　保善高校・特進クラス3年（ことばの遅れ）

1997（平成9）年9月、3歳7ヶ月（幼稚園年少組）で来室しました。お目目のクリッとした可愛い坊やでした。ことばを少ししか話さない。ダメ、イヤ、ヤッテ、コンニチワ、サヨナラなどだけ。名前を呼ぶと振り向く。「戸をしめて」など簡単な命令はやってくれる。要求があれば手をひいてお母さんを連れて行く。お母さんが遊びのなかでことばや色の名前などを教えようとしても全然やろうとしない。感情的になったりする。親では教えられないのでよろしくお願いします、とのことでした。

1歳のころに1回、3歳のころにも1回、ひきつけを起こしたことがある。多少喘息の気味がある。食べ物の好き嫌い、偏食がひどく、少ししか食べない。食べるとき、じっとしていない。スプーン、箸は下手。運動能力は普通だが、利き手が決まらない。排泄はひとりでできる。夜泣きをする。

絵本「おおかみと7ひきのこやぎ」が好き。テレビはよく見る。音楽は手遊び歌を好んで聴く。電車をつなげたり並べたりする遊びが好き。

これまでに保健センターと小児科の相談所に行ったが「様子を見ましょう」と云われた。幼稚園では3歳児のクラスにはいっている。こども17人、先生2人。お母さんは3回ほど呼び出された。社宅に住んでいるが、こどもが7、8人いるのでいつも比べられ、遅れているとつらい。

以下、**お母さん**の話。

テレビやビデオをやめてみました。ただし『おおかみと7ひきのこやぎ』のビデオはとても好きなので、私といっしょに話し合いながら見るようにしています。なるべく私のやること（洗濯物を挟む、ホットケーキを作る、など）をいっしょにやろうと誘うようにしてみたら、けっこう楽しそうにやっています。最近、私に何か伝えようと何か云っているのですが、ちょっと理解できないと癇癪を起こしてしまう。また、ちょっとできないことがあるといじけて、パニックになります。どうしたらいいでしょう。

（古賀・ことばは、前後の関係からなるべく推察してあげてください。できないことは具体的にやり方を教えてやるとか、いっしょにやってやるなど、助けたり、励ましたり、慰めたりするしかありませんね。）

鋏と糊は使うのが好きで、いろいろなものを切り取って貼ったりしています。電車が好きなので線路を組み立てるとき、駅を作ったり、踏切を作ったりと、いっしょに話し合いながらしています。父親も時間のあるかぎり相手をしてくれるようになりました。

機関車「トーマスくん」の線路を玩具入れの後ろの方にしまい、積み木やブロックを手前に出しておいたら、それで遊び始めました。2人でロボットを作り闘わせています。ビデオもテレビもトーマスや線路もあんなに好きだったのに、あっさりやめて次のことをしています。

（古賀・お母さんがもっと楽しいお相手をいっぱいしてくれるようになったからですよ。）

お借りしたノンタンの本、とても気に入って、毎晩3～4回読んでいます。お風呂にはいるとき、もう暗記してしまっているので、二人でせりふを云いながら楽しんでいます。

10月　ことばがいろいろ増えてきました。２語文も云うようになりました。私にかかわろうとすることが増えてきました。お友達ともちょっとはかかわりを持とうとしています。

新しいクレヨンを出してあげたり、画用紙に水色をいっしょに塗り「海だ」と云ったり、線をひいて「線路」と云ったりして描いています。また鋏で広告の車を切ったりもします。トランプの神経衰弱みたいな遊びをしています。赤と黒とに色分けしたり、１～５まで同じものを探したり、けっこう集中して遊んでいます。

ことばの真似が多くなりました。昭が本当に伝えたいことは繰り返し同じことばを云って、私に分からせようとしてくれています。

テーブルの上にいろいろなものを並べて、お買い物ごっこをしました。楽しくできました。

（古賀・9月、10月のお母さんのノートを見ますと、いつも私が『ぞうさんの部屋』に来る人たちとするような遊びを二人で何気なくどんどんやっているので、お母さんのお相手上手なことには脱帽です。わたしがちょっとヒントをあげるとお母さんはすぐ実行してくれます。）

11月　病気でお休み。

12月　（古賀・お母さんの調子が悪く、『ぞうさんの部屋』にはお父さんと来ました（お母さんはお腹に赤ちゃんができました）。お母さんがお相手できないので、ついテレビを見せてしまうそうですが、今までとちがうところは、昭くんが「これは……だね」とか、「あれはなあに？」とか問いかけたり、テレビと同じことをしようとしたりするとか、玩具箱のなかの玩具を全部出してひとつひとつ確認したりして、いろいろなものに興味を持ってきたとのこと。）

単語が増えた。まだ2語文が多いが、話す意欲がとても出てきた。わざと間違えて云ってからかったりもする。

幼稚園が大好きになり、友だちともずいぶん遊べるようになった。

2月　病気で3回欠席。3週間家でわたしと過ごした。前はひとりでも遊べたのに、最近ではママー、ママーと云って何でもわたし（母）といっしょに遊ぼうとする。

また最近ことばを発することがとても楽しいようで、歌を歌ったり、いろいろ話したり、わけのわからないことばをならべてみたり、ずっとしゃべっている。その発音が不明瞭なのがとても気になる。

（古賀・まずはたくさん話すことが大切。発音をいまの段階であれこれ云うと、どもったり、話をしなくなったりします。もう少し様子をみましょう。お腹の赤ちゃんのことも不安で、ママべったりなのかもしれませんね。）

先生の家が近づくと「先生の家はどーこだ」と云ったりします。（古賀・これは3語文というか、文章ですね！）

いま、小麦粉粘土にはまっています。押し型があって、それで押すといろいろな形がでてくる。ガムに見立てたり、スパゲッティに見立てたり、お皿にのせて「食べてください」などとやる。

外を歩いていて、「うだがわあきら」の文字を探したり、おはじきを並べて数えたりすることもやるようになりました。」

3月「おえかきせんせい」の「あいうえおシート」を買ったら、あいうえおの文字をなぞって遊んでいます。同じ社宅のなかで引っ越しをしました。最近、すこし甘えん坊になっています。何かにつけて「やだもん」「だめだよ」とか云います。

（古賀・4歳1ヶ月、反抗期になりましたかね。あまりムキにならず、「あ、そうなの」「やっぱり」などと聞き流してほうっておきましょう。）

**幼稚園・年中組**

4月　わたしのお腹が大きくなり甘えられないからか、お父さんにも甘える。

（古賀・からだでお相手できないぶん、本を読んであげたり、頭をなでたり、頬を寄せたりして、可愛い可愛いといってあげるといいと思います。）

だいぶ予定がわかるようになり、「関東バスに乗って、中央線に乗って、立川バスに乗って先生のおうちに行くの」と、張り切って出てきました。久しぶりに電車・バスに乗れることが嬉しいようでした。昭が間違えたことを云うので訂正すると、がんとして譲らない。自分の主張をまげてひとの話を聞こうとはまったくしません。どう対応したらいいでしょう?

（古賀・「ママは○○だと思うけど、昭ちゃんは△△だと思うのね、ウーン、そうか」くらいで軽く受け流しておけばいいのではないかしら。今は何でも主張したいときだから。）

5月　電話でとても会話ができるようになりました。

6月　（古賀・ひらがなが読めるようになった。お母さんがなぞり書きをさせているとか。）

「簡単な絵本の字をひとつひとつ読んでいます。ほめてやるととても嬉しそうです。」

7月　（古賀・『ぞうさんの部屋』で2文字カードを読んで絵と合わせる。いぬ、うし、ねこ……など、全部できた。お母さんは文字を点線で書き、その文字をなぞらせているようですけど、点線で書くのは時間がかかるし、なぞったあともきれいではないから、黄色か水色のサインペンで書いてやり、その上をなぞらせるといいですよ。

　昨年の相談開始以来、ずっと「着替えがスローだし、ちょっとしたことでくじけると立ち直りに時間がかかる」とお母さんが心配していて、それを励ましてきたのですが、幼稚園の面談でそれを云われたとき、お母さんは「昨年とくらべるとだいぶ成長したと思っているので、徐々に成長していってくれればいいと思っています」と答えました。お母さんも成長しましたね。）

8月　弟　誕生。

9月　（古賀・お母さんが昭ちゃんの発音をとても気にするので、歌をたくさん歌うこと、大きな声でゆっくり、楽しく、くりかえしくりかえし歌う。読める文字を大きな口をあけて大きな声でゆっくり読む。この2つは発音練習にとてもいいと思います、と伝える。）

10月　幼稚園の体操教室にはいる。4月からはいっていた子のできることが昭ちゃんにはできないので、ごねる。
12月　質問が好きになり、なんでも聞いてくる。負けず嫌いになる。負けるととてもくやしがる。
3月　友だちの家で、「夜、迎えにきてねえ」と云って。わたしがついていなくても遊べるようになった。留守番もできるようになった。
4月　**年長組**　（古賀・あと1年で小学校ですね。自信をもって入学できるように応援していきましょう。もう、ことば、語彙などは心配なくなり、文字の読み書き、簡単な算数、しりとり、なぞなぞ、反対ことば、短い文章を読む、などをした。本の読み聞かせでよく聞く力もつけました。弟が病気で入院したときは一人で留守番したり、おばあちゃんと二人で留守番したりもできたそうです。）

就学時健診は無事通過。おうちは新しい家に引っ越し。幼稚園卒園と同時に『ぞうさんの部屋』も卒業でした。

以下はお母さんからの年賀状です。

●昨年はたいへんお世話になりました。お陰様で昭も小学生になれそうです（2000・6歳）。
●ご無沙汰しております。昭は相変わらず同級生よりは幼いですが、算数などは好きでがんばっていますが、国語の読解は苦手、という感じです（2003・9歳）。

●ご無沙汰しております。3人目の女の子が生まれ、昭は2人の兄として毎日がんばっています（2004・10歳）。
●昭も今年は6年生です。頑張っています。下の子の面倒をよくみてくれます。あとは整理整頓ができればいいのですが（2005・11歳）。
●昭も今年は中学生です。時のたつのは早いものですね（2006・12歳）。
●昭も来年は中学3年。はたしてどこの学校にはいれるやら、心配な1年になりそうです（2007・13歳）。
●中学3年。今年は昭にとって初の試練の入試にむけ、がんばっているところです。また高校に合格したら連絡させて頂きます（2008・14歳）。
●保善高校・特進クラス1年生です。毎日がんばって学校に行っています（2009・15歳）。
（古賀・特進クラスって、難しい大学を目指すクラスってこと！　すごいね――。頭もいいもんね。楽しみにしています。ずっとお便りちょうだいね。）

### 3.　スケートで金メダル。今はバンドを組み、ボーカルを

黒田さと子　武蔵野東学園高等部3年　（自閉症）

丸顔で目のぱっちりした可愛いさと子ちゃんは、ちょうど**3歳になりたて**の1997年4月に、

はじめて『ぞうさんの部屋』にきました。

まるでことばを話さない。アッタ、オーオー、ヨーイ、くらいしかことばが出てこない。ときどき、押入れのなかにはいって「バイ、バイ」といったきりでてこなくなる。なにかしてもらいたいときには、黙ってお母さんの手をひいて連れていき、指さしをする。ひとへの関心がほとんどなく、ひとと共感するということがない。ひととかかわるのを嫌がる。ひとの真似をいっさいしない。手をひらひらさせ、ぐるぐる同じところを回る。ある特定のもの（お気に入りのコートなど）の感触にひたっている。なにか音がしたり、身の回りに些細な変化があると大騒ぎして嫌がる……。典型的な自閉症の症状でした。

こうしたさと子ちゃんを、お嬢さまからお母さんになったばかりのようなお母さんは、とても困っておられるようでした。あとになってわかったことですが、ほんとうは、このお母さんはびっくりするほどしっかりしておられるのですが。

お母さんが困っていることは、ことばが出てこないことのほかに、偏食がひどいので口にいれてやらなければ食べないこと。外遊びでは、ブランコ、滑り台などはするが、落ち着きがなくてすぐ次に移ってしまう。気に入らないことがあると大声でさわぐなど。これでは将来学校にもいけないのではないか、ということ。

２歳半のとき、お父さんの仕事の都合でアメリカに住んでいて、そこで個人経営の幼児教室に通いましたが、いやがって数回でやめてしまいました。最近日本に帰ってきて、わたしの本を読み、相談に見えたのでした。

『ぞうさんの部屋』では、だんだんに、瓶にチャリンとおはじきをいれたり、紙を折って鋏できりとって貼るとあじさいの花や花火の絵になるのを面白がってやり、少しずつ落ち着いて遊ぶのに慣れてきました。「手遊び歌」もいっしょにやりました。まだ声はでませんが、少し口を動かしているようです。同じようなことをおうちでもお母さんともするようになりました。

5月ころからは、少しずつひとの物まねをするようになり、なにか音がしてもあまり気にしないようになり、6月には「ママ」「ママ」と云うようになってきました。「ごっこ」遊びもできるようになりました。

しかし、いつもお母さんの洋服がとても気になり、お母さんが服を替えるととても嫌がるので、お母さんは夜の間に洗濯をして毎日同じ服を着るようにしたりするなど、さと子ちゃんの要求にあわせるようにずいぶん工夫をし、努力を重ねていました。

そのうち遊びがだんだん広がるようになり、9月にはことばもだいぶ出てくるようになりました。お母さんが「○○をしてね」というと、きいてくれるようにもなりました。お父さんも『ぞうさんの部屋』にいっしょにきてくれて、さと子ちゃんの遊びの様子をじっと見ていて、おうちに帰ってからも復習したりされているようでした。ご両親がなんでも協力しあって下さっていたわけです。

ことばでのコミュニケーションも少しできるようになりました。たとえば、アイスクリームを食べたいときには「アイス」といい、いやなときには「イヤダ、イヤダ」、何かを追い払いたいときには「バイ、バイ」、ご飯がほしいときには「ゴ、ハン」という。お母さんが「チューして」というと、ちゃんとチューしてくれるそうです。

翌年3月には、2語文、3語文がだいぶ云えるようになりました。しかしまだ、ふだん行きつけのところへ行くとき、いつもとちがう道を通るとパニックになります。お父さん・お母さんと3人で、これまでに高尾山に4回も登ったとのことで、ずいぶんがんばる力も体力もついてきたようでした。

4月には、ちゃんと座っていられて、「はめ絵をしようね」などというときいてくれるようになり、また目をみて「さよなら」が云えるようになりました。それまではお友達にはみむきもしなかったのが、友だちのあとにくっついていっていっしょに遊んだりするようになりました。

このあと『ぞうさんの部屋』には1年間通い、そのあとは「コロロ塾」や仙田こども発達研究所にも通いながら国分寺の小学校（普通学級）にはいりましたが、2年になるとき、自閉症児教育を熱心にやっている武蔵野東小学校の補欠募集試験に合格し、そこに転校しました。そのため、ご両親は学校に近い西東京市に引っ越しました。

また、前にわたしが、「スケートは手をもって教えてあげるからひととの親しみが湧いてくる」といったのを覚えていてくださったのか、さと子ちゃんにスケートを習わせはじめました。

以下はさと子ちゃんのお母さんからのお手紙と年賀状です。

• 武蔵野東小学校の教育はびっくりするほどのよい結果を生み、4年生のときには体育祭のマスゲームで役をもらい、学園祭ではシンデレラの主役に選ばれ、さらにスペシャル・オリンピック（知的障害児のオリンピック）の全国大会にスケート選手として出場予定されるようになりました。

幼児期にはいつも何かにおびえ、泣いたり怒ったりばかりしていたさと子が、毎日笑顔で生きて楽しんでいるのが伝わってきます。こんな穏やかな日を迎えることができるようになるなんて、当時は想像もできませんでした。あきらめずに療育を続けることの大切さ、そして何よりもこどもに教育は欠かすことのできないものだということを古賀先生に教えて頂いたことを心から感謝しています（２００４）。

• スペシャル・オリンピック全国大会に参加してきま

した。大会は素晴らしく、どの子も一生懸命がんばる姿にとても感動しました。お陰様で、さと子は女子スケート330メートルの部で金メダルをとり、現地でも学校に帰ってきてからもみんなから祝福され、ずいぶん自信がついたようでした。

また、ボランティアさん、コーチから、「手のかからないおとなしいお子さんですね」といっていただき、以前には目の離せない問題児だっただけに、わたしが金メダルをもらったように嬉しく思いました。さと子は、「来年は年齢制限で出場できないけれど、いつか世界大会にでられるようにがんばりたい」とのこと。写真（毎日新聞掲載）はスペシャル・オリンピックでさと子が聖火を持って走っているところです（2005）。

●今年は中学生になります（2006）。

●今年は中学2年生になります。学校・スケート・ダンスなど、楽しく過ごしています（2007）。

●さと子は、バンドを組み、ボーカルをしています（2008）。

●武蔵野東学園の高1になりました。昨年はバンドで国際フォーラムの舞台に立ちました。家族でバンドを楽しんでいます。また、障害者の音楽コンクール第6回コールドコンサートにも出場しました（国際フォーラムの素晴らしい写真付き）（2009）。

（古賀・お母さんは、さと子ちゃんが小さいとき、「洋服を着かえるととても嫌がるので、毎日同じ服を着ている」とおっしゃったことがありました。コロロや小学校のため国分寺に引っ越し、武蔵野東小学校のために西東京市に引っ越し、孟母三遷ですね。さと子ちゃんが見違えるように成長したのは、さと子ちゃんのためにな

東京国際フォーラム

A HAPPY NEW YEAR 2010

お元気ですか。　東学園の高一になりました　昨年はバンドで

家族でバンドを楽しんでます。昨年は障がい者の音楽コンクール
“第6回ゴールドコンサート”に出場しました。

国際フォーラムの舞台に立ちました

ることなら何でもやるという感じ、意気込みで、ご両親が力を合わせてきた結果でしょう。本当に頭が下がります。お手紙を頂くたびに嬉しくて、よくがんばったねーと思っています。

さと子ちゃんは、今年高校３年生です。来年どうなるのかしら。）

## 4. 乗馬もピアノもがんばって、県立高校にも合格したよ

**佐藤裕子**　神奈川県立高校３年（知的障害）

１９９７（平成９）年４月、**4歳2ヶ月**のとき『ぞうさんの部屋』にきました。色白のポチャッとした可愛い女の子でした。４歳のとき、発達が２歳をきっていると神奈川県立こども医療センターで云われました。ことばも遅いので相談にのってほしい、とのことでした。少ししか話さず、単語も50個くらいで、発音は他の人にはわかりません。イナイイナイバー、パパネンネ、パパケーキなどを２回云っただけで、あとは云わなくなってしまったそうです。

生まれるとき、お母さんが妊娠中毒症になって未熟児（１４７５g）で生まれました。黄疸も強かったそうです。ひとりで立ったのが１歳半、歩き出しは１歳７ヶ月で、普通よりは少し遅かった。高いところは怖がります。左利きで、スプーンは上手に使うが、握り箸です。食事は普通に食べます。おしっこは直前に知らせるがもらす。うんちももらす。衣服の着脱は、ボタンがなければできます。睡眠は遅寝で、寝起きは悪い。

知的興味としては、ビデオが大好きで、「しまじろう」、ミッキーマウスなどを15～20分くらい見ていられます。リトミックは大好きで、真似したりします。本はいっさい見ません。遊びは、ボールを蹴ったり投げたり、人形遊び（ジュースを飲ませるしぐさ）など。

十日市場小児神経科クリニックに相談したが、そこではLD（学習障害）と云われました。神奈川県立こども医療センターでは「自閉症だが、なくなる可能性もある」とのこと。てんかん波があり、前頭葉検査をしているところ。そこの言語治療科に1歳半から2歳のあいだ通いました。神経内科で3月（4歳1ヶ月のとき）に検査したら、知能の発達は2歳以下だと云われました。

『ぞうさんの部屋』では、最初、泣いてばかりいましたが、そのうちにままごとに興味を持ち始めました。おもちゃをいろいろ出して誘いましたが、ちょっと手をだしてはすぐにやめてしまう。滑り台は上に登っていくが揺するだけで滑らないで階段からおりてくる。お母さんに抱っこしてもらい、お手玉を篭にぽんぽん投げ入れるなどしました。お母さんには「テレビやビデオはなるべくつけず体を使って遊ぶこと、いっしょに何でもやり、そばにおいて話しかけてやる、実物で教えていくこと」などをお願いし、遊び相手になるヒントがたくさん書いてある本を貸してあげました。

2回目からはすこし慣れてきたのか、はめ絵をつぎつぎとやり、「リンゴを入れて」「バナナを入れて」などと云うとそれに応じました。シール貼りもできました。折り紙をちぎって鯉のぼりの絵に鱗のように貼るのもできた。ソニーの「トーキングカード」で目、手、耳、口などと少し指さしをする。

３回目。カードの絵をみて実物をとるの（マッチング）では、りんご、みかん、バナナ、スプーン、フォーク、箸などができました。

４回目。カードと物とのマッチングはみんなできました。実物を使って「りんご、ちょうだい」というと、くれた。カードを使って「バナナ下さい」といってもくれる。ロットゲーム（台紙の絵に同じ絵のカードを載せる）やはめ絵は、ひとつの穴にひとつの絵ならできるが、５、６片あると難しい。「トーキングカード」は自分からやりたがりました。３枚の絵からひとつの絵を選ぶなど、できる。ほめるとニコニコする。

お母さんにお家でやって貰うこととして、手のひらであちこち撫でたりさする、顔・耳・手足などに息を吹きかけて遊ぶ、ぎゅっと抱きしめたり、そっと抱いたりなどして、ともかく体を使って遊んでやること、そのあとに歌の本を見ながら歌ったり、１音、２音のものの絵（桃、パン、犬、猫など）を描いたカードをとってもらうことなどを勧め、カードを貸してあげました。

６月　大きな絵カード３枚のうちから云われたものを選んでとるのが30回続けて全部できました。

７月　色塗りをしたが少しだけしか塗らず白いところだらけなので、手をもって塗らせて完成。やさしいはめ絵、色のついた棒に同じ色の輪をいれるのは少しだけできました。同じ色がなかなかわからない。

鋏を使わせようとしたが、鋏を開くことができないので、これは夏休みの宿題にしました。

9月　50音パズルの2回目。「○○いれて」――「ぬ」と「ろ」だけできなかったが、あとは全部探してきた。

ことばは、ワンワン、ニャーニャー、ブーブー、モー、ゾウサン、イ（ヌ）、ポー、ブ（ドウ）、モモ（桃）、アメ、などが云えるようになりました。

10月　2音の絵カードはほぼ云えるようになりました（いぬ、ねこ、ぶた、しか、め、はな、あめ、ぱん、ばなな、みみ、ぶどー）。

12月　食べ物の本、動物の本などをちゃんと見られるようになり、鳴き声などをよく真似られるようになり、絵を見て自分から云うのもあります。

3月　「これなあに」「ことばあそび」「たべもの」「みんなたべたいな」などの本が大好きで、よく見ていて、まだ幼いがだいぶ発音できるようになりました。動作の本（たべている、飲んでいる、走っている……などの絵が描いてある）も指さしをする。

4月　公文の大判カード（表が漢字、裏が絵のカード）60枚全部云えるようになりました。50音パズルの絵もひとつひとつ云えます。

色塗りはずっとしていますが、なかなかうまく塗れません。

鋏で絵を切り抜く、糊で貼る、鉛筆やクレヨンで線をひく練習などを始めました。

5月　動作のカード（鳥が飛ぶ、馬が走る……など）とれる。物の用途・性質（スプーンは何するの？、クレヨンは何するの？　などにことばで答える）を始める

６月。迷路を鉛筆でたどる。文字を覚えるのに、まず名前から始める。

○△□×などを書く練習。型抜きボードも使う。

こうして４歳２ヶ月から翌年７月の５歳になるまでに、ことばはだいぶ話せるようになり、本も好きになりました。書くのは苦手だったが、だいぶ書けるようになりました。ひらがなは「なかよしがくしゅう」で毎月５文字ずつ覚えています。入学までには全部覚えられると思いました。

お父さんが北海道に転勤になりましたが、お母さんと二人は北海道には行かず『ぞうさんの部屋』に来ていましたが、夏休みに北海道にいってみたら楽しくて、１９９９年の９月から北海道にいくことになりました。

以下はお母さんからの年賀状です。

●馬にこだわっている裕子です。親子でがんばります（「10月、ニセコにて」と題した馬に乗っている写真）（２０００・６歳）。

●裕子は元気で普通学級３年生で頑張っています。公文もやってます。また相談させて下さい（２００１・小３）。

●たいへんですが、がんばっています。先生のご健康を祈ります（ピアノを弾いている写真）（２００２・小４）。

●横浜に戻り、中1になりました。楽しく行けているので良しとしています（2006・中1）。
●裕子は小学校より中学校の方が楽しいと云います。来年は受験です（2007・中2）。
●裕子は受験です。高校生になれたらあらためてご報告させて頂きます。親子でがんばります（2008・中3）。
●県立高校に合格できて嬉しいです（2009・高1）。
●高校2年になりました。今年こそメールいたします（2010・高2）。

（古賀・今年は高校3年生ですね。このあとどうするのかな？　色白の美人に成長したことでしょう。会いにいらしてください。いつでも待っています。北海道での話や高校生活の話を聞きたいです。

本に書いていいか了承を求める手紙を出したら、「知的に問題のある子が魔法のように問題がなくなり高校に入れたのではなく、『障害児も高校へ』という運動を中学1年のときから仲間とともに進めていて、入学できたのだ」というお手紙を頂きました。そういう仲間がいて、いっしょに運動をして、その仲間たちのこどもたちとともに成長したなんて素晴らしいですね。お母さんの考え方やがんばりに拍手！）

## 5.　公的介助員がついて普通学級に通えた。今は養護学校高等部に

西田　聡　高3（自閉的傾向・知的障害）

はじめて『ぞうさんの部屋』にきたのは、1997（平成14）年の3月、3歳11ヶ月のときでした。「もう4歳になるというのに、ほとんどことばをしゃべらない」と心配してこられたのでした。

聡くんは帝王切開による早産で、体重が少し軽かったそうです。赤ちゃんのときは静かで、手がかからず、人見知りもしなかった。抱き上げても抱かれようという姿勢はとらず、「いないいない、ばー」など、普通の赤ちゃんが喜ぶようなことをしても、それを喜んだり真似をしようとしたりはしない。つまり、反応のとぼしい子でした。

いまは、食事はひとりでできるし、うんちは自分でおまるでするが、おしっこはおむつ、服は前開きのものだけ脱げるなど、自分のことを全部自分でするまでにはいたっていません。

そして云えることばは、ドカン（電車）、バー、ブー（自動車）、ババ（お母さん）、オトサン（お父さん）、ワンワン（動く生き物すべて）、ジョジョ（蒸気機関車）、ブーン（飛行機、ヘリコプター）、ジャー（水）、ヨーヨー（料理）、アッタ（あった）、オワッタ、ヨイショ、バー。これでぜんぶ。おうむ返しをする。目を合わすことはできました。

興味をもつものは、絵本では「ノンタン」、テレビでは電車が出てくる場面、音楽ではクラシック、などで、遊びとしては電車、ままごと、お化粧の真似、お絵かきなど。

運動については記録がありませんが、歩いたり走ったりしてもっと体力をつけないといけないなあと思われる、いかにもひ弱な感じの男の子でした。

早稲田にある全国療育相談センターでは、非定型自閉症と精神発達遅滞だといわれたそうです。

『ぞうさんの部屋』では、型はめ、パズルボックスなど、手先を使いながら集中力をたかめること、パズルやカードなどを使って話しかけ、トーキングカードや手遊び歌などで発声をうながすこと、「おえかきせんせい」やクレヨンを使ってかくことの楽しさを味わうこと、などを続けていました。半年くらいたつうちに上記・早稲田のセンターで毎週1回きちんとみてくれることになったので、『ぞうさんの部屋』は自宅から遠くもあり、そちらにおまかせすることになりました。いくらもいらっしゃらなかったのに、いまだに毎年様子をお知らせ下さり、嬉しいことです。

以下はお母さんからの年賀状です。

- 毎日、介助をつけて普通学級に通わせております。（近くに東京女子大があり、心理学科の学生が交替で介助についてくれた。杉並区としての支援）聡は喜んで登校しています（2001・8歳）。
- 今年は担任に恵まれ、元気で登校しています（2002・9歳）。
- 杉並区の**公的介助員制度**にお世話になり、まだ普通学級で学んでおります（2003・10歳）。
- 今年はもう5年生です。普通学級はそろそろしんどくなってきました（2004・11歳）。
- 昨年、心障学級へ措置替えし、介助なしの生活でずいぶん力がつきました。あっというまに中学へ。宮前中か井草中を考えております（5年生と6年生では心障学級）（2005・12歳）。
- 今年は中学生です。いま進学先に頭を悩ましております（2006・中1）。
- 昨年、宮前中学の心障学級にすすみました。雰囲気のいいクラスで、かわいがっていただいております（2007・中2）。
- 聡はいま、宮前中・特別支援学級に元気に登校しております。お変わりございませんか。先生の

お宅の看板、なつかしいです（2008・中3）。（古賀・私が立川から杉並に転居し、聡くんの登下校のときの通り道なので）

●聡も今年は中野特別支援学校・高等部（他地域では養護学校といっている）に進学予定です。中学でもだいぶ落ち着きがでてきました（2009・高1）。

●今年は久々にお話しできて嬉しかったです（電話でお話しした）（2010・高2）。

（古賀・聡くんは、よく4年生まで普通学級でがんばりましたね。えらかったですね。お友達はきっと大人になってからも聡くんのがんばった姿を忘れないと思います。

公的支援制度は他の区や市にも広がってきたようです。でもまだまだこの制度のないところが多いです。どんどん要求していきましょう。

本に載せていいかどうかのお便りへのご返事で、「若気の至りで普通学級へ頑張っていかせたが、卒業して就職もできず、作業所にいくしかないのであれば、無理せずにはじめから養護学級のコースへ入れた方がよいと、このごろ若いお母さん方に話している」とのことでした。

しかしそれでは世の中の人々の理解や応援が得られないのではないか、ともに生活することで聡ちゃんの努力や成長やくやしさを理解して、世の中にはいろいろな人がいることを子供心にも心に焼き付けた子たちがいっぱいいいたのではないかと思っています。そこを断ち切ってしまいたくないと思います。）

## 東京都の小・中学校での介助員制度

品川区

小・中学校の介助員配置要綱（1989年制定）

「身体に障害を有する児童・生徒の教育を確保するために、安全管理上または教育指導上介助が必要と校長が判断し、教育長がこれを認める場合に限り、当該学級に介助員をおくことができる」

介助の内容　授業・遠足・社会科見学・移動教室・運動会・修学旅行に配置する。

雇用については
①校長が雇用する
②期間を定めて雇用する
③必要に応じて雇用する
④学務課長に雇用申請書を出して承認を受ける、となっている。

介助員を制度としては配置していないが施策として配置している区（その後制度となったところが多い）は、渋谷区、大田区、江東区、墨田区、千代田区、文京区、足立区、板橋区、杉並区、豊島区、市では町田市、清瀬市、あきる野市、稲城市、小金井市、国分寺市、立川市、三鷹市、武蔵野市が当該する（2004年現在）。いまはもっと増えているのではないかと思う。

練馬区では「各学校により対応」、荒川区では「介助が必要な児童については保護者の付き添いをお願いしている」など、区により差がある。

介助員の配置は保護者の意思の問題であり、学区の学校で、ともだちと同じ教室で学ばせたいという意思が出発点で、**要求をしないと実現しない。**

## 6. 高校は音楽科で声楽を勉強

井口美子　県立高校２年（ことばの遅れ）

１９９８（平成10）年９月、**5歳1ヶ月**のとき初めて『ぞうさんの部屋』にきました。おじいさん、おばあさん、両親、お兄ちゃん（７歳）の６人家族で、初めての女の子として可愛がられて育てられたという感じです。

運動の発達は普通で、補助輪つきの自転車にのっています。食事の好き嫌いはあるけれど、自分のことは自分でできます。知的興味としては、絵本の「ぷーたんシリーズ」が好き、ポケモンが好きで、幼稚園で習う歌をよく歌います。遊びは滑り台、ブランコなど。

それでは心配なことなどないじゃない？　と思って伺ってみると、日常生活に必要なことは云えるが、ことばが遅れているとのこと。これまでに王子クリニック、緑成会病院、整育園などに相談にいきました。それらで「このままでは普通学級にはいれるかどうかわからない。はいれても３年生くらいまでしかついていけないでしょうね」と云われたとのことです（そんなことを軽々しく云ってもらいたくありませんね！）。それで、「これから就学時健診があるので、それに向けて何とか普通学級にはいれるように、また学校の勉強についていけるように教えてください」ということでこられたのでした。

『ぞうさんの部屋』でお勉強を始めてみると、にこにこ、はきはきしており、こちらの働きかけにも反応してくれて、とても教えやすいお子さんでした。就学に向けて、ひらがなと数の勉強をすこしずつしながら、本の読み聞かせをしました。次々といろんな本を読むのではなく、気に入った本を繰り返し覚えるくらい何度も読むのです。また、ままごと、お母さんごっこ（これは大好き）、お店屋さんごっこ、などの遊びで会話をふやすようにしました。

お母さんには、水族館・動物園・親戚・スキー・その他いろいろな生活体験のなかから、いろいろなことばの表現を身につけてもらうようにお勧めしました。美子ちゃんはテレビ大好き、ピカチュウ大好きだったけれど、お母さんはテレビをなるべくつけないで家族で過ごす時間を増やしていきました。

6歳1ヶ月のとき、就学時健診がまもなく始まるので田中・ビネー式知能テストをしてみたらＩＱ８８で、反対類推、文の記憶、事物の違う性質をことばで表現する、小鳥の絵の欠けた部分の描き足し、菱形の模写、などができませんでした。それで、苦手だったことを就学時健診までに練習しました。その結果、就学時健診は無事通過、普通学級入学が決まりました。

入学前の冬休みには、お兄ちゃんと、ときにはおじいちゃん・おばあさんとも一緒に、カルタ取り、双六、トランプ（J、Q、Kは抜かしてもよい）、福笑いなどをして遊ぶように勧めました。じゃんけんで順番を決めたり、順番をきちんと守ったり、どっちが多い、少ないなど、いろいろな体験ができます。

小学校にはいってからは、毎月１回、なにをどう教えたらよいかなどをお母さんと相談し、美子ちゃんは小学１年の終わりまで来ました。

以下はお母さんからの年賀状です。**太字**は美子ちゃんの書いたもの。

- **いつもありがとうございます**（２００１・７歳）。
- 美子は、かけ算の九九は全部云えるようになりました。お心遣いありがとうございます。お言葉に甘えてまたご連絡させて頂きます（２００２・８歳）。
- 昨年８月に女児を出産。美子もお姉さんぶりを発揮してよく面倒をみてくれます（２００３・９歳）。
- **おげんきですか。元気にしております。元気もりもりさるです！**（美子ちゃんの描いた猿の絵つき）
- 先生、お身体大切になさって下さい（２００４・10歳・小４）。
- 美子も今年６年になります。ご相談にお伺いしたいと思っております。よろしくお願いします（写真の下に、「読書と絵が好きな小５」と記入）（２００５・11歳）。
- 昨年運動会の鼓笛隊でバトンを担当、マッケンサンバを披露し、大活躍でした（２００６・12歳）。

（古賀・お母さんの指示にのらず、ピアノの練習をさぼったり、ゲームで遊んでいたりなどで相談に見えた。６年生ともなれば、そうそうお母さんの思うようにはいきませんよね。）

●昨年はご指導有り難うございました。ピアノ発表会でモーツァルトの「トルコ行進曲」を弾きました（2007・13歳）。
●美子は2学期、数学で4をとることができました。現在中2、来年は高校受験です（2008・14歳）。
●美子は昨年、県立高校の音楽科に合格し、声楽の勉強をしています（2010・16歳）。
（古賀・この本の編集中にハガキが来て「ハワイの音楽大学に留学して声楽を勉強するために、目下英語を勉強中」だとのこと。）

## 7. スキーも山登りもする高校生です

牧野一郎　高2（発達障害・知的障害）

**はじめて相談にきたとき**　1997（平成9）4月、**3歳11ヶ月**　1993（平成5）5月生まれ。
**家族**　父・母・姉（6歳）・本人
**当時の状況**　ことばをほとんど話さない。たまにパパ、ママ、オイデ、マル、サンカクくらい。独り言は云う。おうむ返しをする。
前に横浜北部療育園センターに週2回通っていた。軽い自閉、知恵遅れと云われている。
全国療育相談センターでは「自閉的傾向」、梅ヶ丘病院では「広汎性発達障害」と診断された。

遠城寺式発達検査をしてみると、全身運動・手の運動は3歳4ヶ月、生活習慣は3歳8ヶ月、対人関係では2歳3ヶ月、ことばの発達・理解は1歳4ヶ月相当の発達程度。

1998（平成10）4月　4歳11ヶ月　だいぶことばがでてきた。姉と同じ幼稚園にはいった。

1999（平成11）4月　5歳11ヶ月　2語文、数字がわかり、文字にも興味がでてきた。就学時健診までに書けるようにしよう。

5月　6歳　集団行動がかなりできるようになった。山登り・スキーもできる。文章も云えるようになった。

6月　友達が「一郎君は自分たちが守る！　だから一緒の学校に行こうね」と云ってくれた。

10月　母が特殊学級を見学したら、生徒2人、先生2人。これでは……と思う。

11月　就学時健診　校長室に呼ばれ、「もしここへ来るなら少しでも自立の手助けになるようお互い協力しましょう」と云われた。

12月　母が別の特殊学級を見学した。生徒3人、先生2人で明るく勉強していて、普通学級とも交流がある。しかし先生は2人とも異動するとのこと。

（古賀・特殊学級の先生は普通学級の先生が交替で来たりするのでかわることが多い）

2000・1月　父母、校長に会い普通学級へと希望。

2月　普通に決定。

4月はじめ　母つきそい。

5月　担任は「お母さんはもうあまり来ないでいいですよ。行事のときくらいでいいと思います。プールのときも絶対大丈夫だから来なくていいです。一郎君はまわりを見て行動できるからといってくれる。

9月　ときどきできなくて泣くときがある。ともだちが「涙の数だけ強くなるんだ♪」と当時はやっていた歌を歌って励ましてくれる。

10月　運動会　校長も担任も「あれだけできれば上出来だよ」と云ってくれた。友達はよく遊びに来てくれる。女の子が誕生会に招いてくれる。

２００１・1月　校門で校長をみつけ「おはようございます」と云った。（校長先生を好き）

2月　生活科で各人が1年生になってできるようになったことを発表するとき、クラスの34人全員の名前を呼べたので、クラスが盛り上がった。

2年生　全体で3人心配な子がいて一人の補助教員がついた（週に3日一郎君に）

２００２・3年生　同じ学校のなかに特殊学級ができ、半々くらいに行くことになった（親学級では体・音・図・理・社・実習のとき、特殊学級では国・算のとき）。特殊学級の区の交流会でスポーツセンターへ行ったり、お泊まり会があった。仲良しだった子が親学級にいるので、交流はうまくいっている。

**以下はお母さんからの年賀状**です（**太字**は本人の書いたもの）

●昨年はご心配をおかけしました。今年もよろしく（就学時健診のこと）（２０００６歳）。
●今年も昨年に引き続きがんばります（２００１　７歳）。
●昨年もお世話になりました。今年もたいへんそうですが、がんばります（『ぞうさんの部屋』をやめた。横浜から5年間通った。）（２００２　９歳）。
●ご無沙汰していますが元気にしています。毎日学校へ行くのを楽しみにして一人通学しています（普通学級に3年生まで行っていて、4年、5年特殊学級に行っている）（２００５　11歳）。
●お久しぶりです。今年は中学です。校区の市ヶ谷中学に決まりました！（２００６　小６）
●**お元気ですか。ぼくは中学生活が楽しいです**（２００７　中1）。
●一郎も中３になります。身長は１６７ｃｍまだまだ可愛いです。学校生活も順調です（２００８　中2）。
●一郎は一人で電車とバスで通学しています。幼児期の過ごし方のせいか、わりと落ち着いて元気にしています。**お元気ですか。ぼくは元気にこうこうせいしています**（２０１０　高1）。

（古賀・お母さんは積極的な勉強家で、私もいろいろ教わりました。よい子に育った一郎君にぜひお会いしたいわ。春休みにでも遊びに来てください。

## 8. クラシック音楽が大好き

川田　正　高1（自閉症）

**はじめて相談にきたとき**　1999（平成11）年2月　**4歳**4ヶ月から　1994（平成6）10月生まれ

**家族**　父・母・弟（6ヶ月）

**当時の状況**　ことばをほとんど話さない。わけのわからない独り言をいう。TV・ビデオ・音楽番組・鋏が好き。

ひらがな・カタカナ・アルファベットを読める。

対人関係、ことばの話し方、理解力いずれも2歳前後。記憶力はとてもよいが、ことばは話せない。

2001・4　とても話すようになり、文章になってきた。「トマト食べたいよ。12個全部」など。なぞなぞが大好きになって、理解力もことばでの表現も増えてきた。ボール投げ、さいころゲーム、かくれんぼも。

クラシック50曲ぐらい、ちょっと聞いただけで曲名・作曲者も云える（家でクラシックのCDをよくかけていた）。ひらがなを書ける。短い文を読める。一桁の足し算ができる。

10月　就学時健診にひっかかった。園で副担任から「特殊学級を誤解しているのではないか。能力にあったことを少人数でみてくれるので、そっちの方がいいのではないか」と云われた。
2002・1月　園に教育相談のひとが見に来た。お誕生会でちゃんと座っていた。
2月　校長・教頭・教育相談の人2人と母の5人で話し合い。
「引き受けるができるだけお母さんに協力して欲しい。本人に黄色信号がでてきたら、また話し合って進むべき道を考えるということで」と普通学級入学に決まった。
4月入学　母、学校についていく。
5月から　担任が癌になり、いろいろな先生が交代でくる。
6月から　61歳の講師（女）のとき、母は「雨のときなど、本人を学校におき、弟を園に送ってまた戻ってくるのでいいか」と聞いたら拒否された。プール指導は校長がついてくれている。
9月　給食が気になり、30分前から廊下を走って迎えに行く、引き戻すを10回くらい繰り返す。
（給食は大好き。食べ終わって係のひとが食器をさげるのをずっとお辞儀をしながら見送っている）
10月　古賀は、「そろそろお母さんと離していこう」と話す。
11月「母や弟の都合でこられないときだけは、つきそわないでもいいか」と訊ね、担任に拒否される。
12月　計算繰り上がり、繰り下がりも早く正確。カタカナ・漢字・書き順も正確にしっかりと書ける。図工・絵も工作も得意なのに、成績はすべて1・2・3で、「③　がんばれ」だけ（こんな不公平が許されていいのか）。

２００３・３月　文章題（算数）、読解（国語）もできるのに全部③の「がんばれ」だけ――（偏見もはなはだしい）。

４月（２年生）　担任が49歳の男の先生に代わる。「お母さんは毎日こなくていいですよ」と云われ、徐徐に減らし、火・木は送迎だけになった。

**お母さんからの年賀状（太字は本人の書いたもの）**

- いまは時間を大切にしたいと思います（２０００　５歳）。
- いよいよ４月から小学校です。わたしももっとがんばろうと思います（２００１　６歳）。
- 昨年は先生にたいへん励まして頂いて本当に勇気づけられました。いつもありがとうございます（２００２　小１）。
- いつも有難うございます。どうぞお体を大切に（２００４　小３）。
- （古賀が医者に無理をしないように言われたので、『ぞうさんの部屋』にくるのを断り、かわりに「コロロ」を紹介した。）（２００５　小４）

- 先生お元気でいらっしゃいますか。本年もどうぞよろしく（2006　小5）。
- （他区の評判のよい中学にいれようとして失敗し、突然相談に来られた。住んでいる区の特殊学級にすることにして、あれこれいっしょに考えた。この年、妹が生まれた。）（2007　小6）
- いろいろありましたが、お陰様で楽しそうに中学校に通っております。有難うございます（2008　中1）。
- **今年もがんばります**（2009　中2）。
- 4月から高田馬場にある東京文理学院にいくことに決まりました（2010　中3）。

（古賀・ピアノを習い、今は「エリーゼのために」原曲を練習しているそうです。お母さん、よくここまでがんばりましたね。学校にずいぶん長いことついていったのよね。いくらよく書けても、計算が早く正確にできても、成績はいつも最低をつけられて二人で憤慨していたのがついこのあいだのように思えますのに、もう高校生ですね。これからは人とのつきあい方をなんとか身につけていかないとね。）

## 9.　背が高くグラマーな娘さんになりました

**井田幸子**　松実学院高校1年（知的障害）

**はじめて相談にきたとき**　1998（平成10）年5月　3歳6ヶ月　1994（平成6）年10月生まれ

家族　父・母・本人

**当時の状況**　ことばの遅れ　ほとんど話さない。ア、タ、イタ、デタ、タベタ、ウン、カーからしい語のみ。

誘いに乗らない。真似をしない。全体的な遅れ。反応の悪さ。

小児保健センターと慈恵医大ではいずれもCTでは異常なし、とのこと。

遠城寺式発達検査をしてみると、移動・手・生活習慣については2歳半程度、対人関係・理解については1歳9ヶ月くらい、発語は1歳2ヶ月～4ヶ月相当の発達状況。

1999（平成11）年4月　幼稚園には楽しく行っている。

年中組　かなり単語がでてきた。毎日新しいことばを云う。

年長組　パズル好きになり毎日やっているうちにひらかなも読めるようになった。左利きのこともあり、書くのの上達は遅かったが少しづつ書けるようになった。

2001・10月　運動会の準備体操、代表で全員の前でやった。勉強も意欲的で自分から持ってきて、お母さんにやろうという。

10月31日　就学時健診　10人くらいずつやった。本人は萎縮してしまい質問に答えられなかった。半べそで戻ってきた。両親は別室で話をきかれた。父が大学教授なので押しがきいたためかパス。その後呼出しはなく、普通学級へはいることが決まった。

2002・4月　1年生　入学以来、担任が忘れ物はないかランドセルの中味を確認してくれている。入学式当日、一番後ろの席だった（背が高い）が、先生の前の席にしてくれた。

5月　家庭訪問　先生は①給食の後かたづけができない。②黒板の字をノートに書けない。③体育など部屋が違うとべそをかくなどと云って、迷惑げである。

7月　担任から　①給食のとき、自分の分をとりにいかない、かたづけない。②机の上にその時間外のものを出しっぱなし。みかねた友達が片づける。担任はお手上げ、クラスのなかでほとんど口を利かない。

（古賀・先生の否定的態度で力を発揮できないでいる）

9月　おなかが痛いといって1週間休んだ。担任に個人的に知能テストやらせてくれと云われた。母が特殊学級を見学したら、1～3年では絵日記のようなものを書いており、4～6年では今日は何月何日かなどの勉強していた。あまりに幼稚なので普通学級継続を望んだ。校長に会ったが、校長は「普通学級でいいと思うので担任の知能テストは断り、あくまで普通学級にいると主張しなさい」と云われた。

2年　クラス替え、担任も変わった。担任はまわりの手伝いに頼らないように指導してくれたので、自分でする自覚ができた。

（『ぞうさんの部屋』には2004年まで通った。）

**以下はお母さんからの年賀状**（太字は本人の書いたもの）

●よろしくお願いいたします。**いださち子**（2001）

ご指導よろしくお願いいたします。（着物をきたかわいい七五三の写真）

●幸子は学校から帰宅すると宿題をするのを忘れても晩ごはんのためのお米とぎは決して忘れず、毎日過ごしています（2002）。

●**明けましておめでとうございます**（2003）。

ご指導よろしくお願いいたします。

●お変わりございませんか。幸子は身長144cmになりました。近視になりメガネをかけています（2005）。

●明けましておめでとうございます。お変わりございませんか。幸子は身長150cmを超えました。先日面談では「友だちが忘れている掃除当番と給食当番をフォローしている癒し系です」とのことでした（2006）。

●お元気でいらっしゃいますか。早いもので4月で幸子は中学生です。小学校生活は「笑顔」で終了できそうです（2007）。

●お元気でいらっしゃいますか。幸子も中学にはいり、身長157cmになりました。先日は職業体験の授業で三日間お花屋さんでお仕事をしてきました（2008）。

●お元気でいらっしゃいますか。いつの間にか私と同じくらいの身長の、そして私よりとてもグラマーな娘に成長しました（２００９）。

- お陰様で、松実学院へ進学しました（２０１０）。

## 10. 医者に見放された幼児期から劇的に成長した靖ちゃん

永井　靖　中3　（高機能自閉症）

１９９９（平成11）年、お母さんが靖ちゃん（3歳4ヶ月）をつれて、栃木県の黒磯からわざわざ『ぞうさんの部屋』にやってこられました。前に、国際医療福祉大学クリニックで「自閉の傾向あり」といわれ、そこで2ヶ月に1回遊戯療法を受けていました。ところが、保健所で三歳児健診をうけたとき、「1歳半〜2歳半ていどの発達しかしていない」といわれたので心配になり、こられたのでした。その当時の様子は前もってお母さんからくわしい手紙をいただいているので、少し長いですが、それを以下に紹介します。

お母さんからの最初の手紙

わが家の長男（一人っ子）靖（通称・ヤータン）は、平成7年9月5日、元気な産声を上げました。帝王切開でしたが、３１４０ｇで元気な男の子でした（**現在は3歳4ヶ月です**）。ミルクの飲みは若干悪かったのですが、首のすわりは3ヶ月、はいはいは6ヶ月、おすわりは7ヶ月、独歩1歳1ヶ月と順調でした。

離乳初期にはそれほど問題はなかったのですが、中期にはいってからは食べている途中で「えっ」とのざえてよく吐いたのです。1歳半過ぎてもそんな状態だったので、1歳9～10ヶ月ごろにレントゲン、CTなどいろいろ検査したのですが、結局異常なしでした。

ことばの発達が遅く、初めて意味のあることばを云ったのが2歳3ヶ月のとき、「ゴーン」(カネの音)と「ばあ」(いないいないの)でしたが、それからは全く話さない時期がしばらく続きました。3歳の2次健診のときに「知能の発達が遅れている」と云われ、遊び方から判断すると「1歳半から2歳程度」と云われました。その後、昨年の12月(3歳3ヶ月のとき)に別の言葉の先生に診て頂いたところ、発達検査で「2歳3ヶ月～2歳半程度」と云われ、結局「自閉的傾向」と云われました。分かりやすいように項目に分けてみましたので、どうかご指導よろしくお願い致します。

**日常的なことについて**　歩きだしてからはチョロチョロしている方で、スーパーなどでも絶対に手をつなぎません。家のなかではあまりチョロチョロしないのですが、グループでの音楽教室では落ち着きがなく動き回っています。最近になって階段では少し手をつなぐようになりました。家のなかでは車や電車で遊び、たまに積み木やブロックで遊びますが、あまり長続きしません。CD(音楽)を聴いたり幼児用のビデオもときどき見たりします。「ドア閉めてきて」「ゴミ捨ててきて」

「電気消してきて」と頼むとやってくれます。一人でゴミを捨てに行くときもあります。ズボンはぬげるが、着替えはひとりではできません。こちらの云っていることはだいたい分かるようです。また書くことに関しては、円は描けず、なぐりがき程度です。

**食事について**　これが一番の問題です。いまだに固形物が食べられず、ヨーグルトやペースト状の離乳食です。たまにごはん粒を2、3粒ずつとか、麺類を2、3センチに切ったものを少し食べます。2人の摂食の専門の先生に診て頂いておりますが、どちらの先生からも「機能的には問題ない」と云われ、「口の中が敏感なのかも」「むしろ心理的なものの方が大きいのでは」などと云われました。

**ことばについて**（3歳過ぎてから出てきた言葉）　ご（数字の5）、（ろ）く（数字の6）、く（数字の9）、ばあ（祖母）、パパ、ママ、クック（靴）、ヨーヨー、あお（青）、いえ（家）、もも（桃）、ひ（火）、き（木）、ぱ（パンの意）、ケーキ、あんが（あがる）、んま（食べ物）、クック（英語のcook）、雪の「き」、ミルクの「く」。

わたしの云った言葉（単語）のあと、真似してその単語の最後の文字を云うときもあります。たとえば、「おかたづけ」の「け」や、「おしまい」の「い」など。しかし上に挙げたことばもそう頻繁に云っているわけではありません。たまに云う感じです。

**数字について**　3歳少し前から興味があったようで、数字を指さしながら、よくわたしに云わせていました。少なくとも1から10までは区別がつきますし、2桁の数字も聞くと指さしたこともありました。3歳2ヶ月のころ、実家に帰ったときに息子がカレンダーを見ていたので、わたしの母が「25はどれ?」「30はどれ?」と聞いたら指さしたので驚いた、と云っていました。実家にサイコロがあってそれで遊んでいたとき、「1」の面が出ると指を1本差し出して見せ、5が出ると「ご」と云い、6が出ると「く」(ろは云えないので)と云っていました。

**ひらがなについて** 3歳1ヶ月の頃でした。あるとき「ん」という積み木に書いてある字を指して「ん」と云い、「わ」の字を指して「わ」と云ったので、もしかしてひらがなが少し分かるのかなと思って、ひとつひとつチェックしていたら、2、3個を除いてほとんど区別できていました。

今ひらがなを云えるのは、「あ・い・う・え・お」「か・き・く・け・こ」。なんとか云えるのは「な・に・ぬ・ね・の」と「ま・み・む・め・も」。あと、「や・ゆ・よ」と「わ・を・ん」です。「は・ひ・ふ・へ・ほ」も下手ながら云えます。

**カタカナについて** 3歳2ヶ月のころに好きな「きかんしゃトーマス」の絵本を買ってやりました。そこにはいろんな貨車の名前がカタカナで書いてあります。次の日に絵本をわたしのところに持ってきて、ひとつひとつの読みを聞いてきました。奇妙に感じたのは、貨車の絵ではなくそのわきに書いてあるカタカナの名前、たとえば、「トーマス」「ステップニー」「ゴードン」などの方を指さしていたことです。前からトーマスのビデオを見ていたので、だいたいの字の形として覚えていたのでしょうか。まだカタカナがどこまで読めるのかはチェックしていません。

**色について** 赤・青・緑・白・黄など、簡単な色の区別は分かります。3歳少し過ぎのころ、一時期、「色水で実験！」という幼児用のビデオ（しまじろう）を見ていました。「何色と何色とをあわせると何色になるかな?」という内容のものです。うちの子が自分の前に色鉛筆を置き、たとえば「赤と青を合わせると何色になる?」の質問にたいし、息子が紫の色鉛筆を答えが出る前に差し出します。しゃべれないので色鉛筆で表すしかないのでしょうが。何度も見ているうちに覚えたのでしょうが、答えは全部正解。そのことを市の言葉の遅い教室の先生に云ったら、「目からの吸収が強い」つまり「自閉的傾向がある」と云われました。

**英単語について**　わかると思われるものを挙げて見ました。hospital 病院、chair 椅子、nose 鼻、mouth 口、eyebrow 眉毛、school 学校、back 背中、foot 足、tiptoe つま先、thumb 親指、dog 犬、plane 飛行機、moon, money, egg, orange, apple, etc…

昨年の11月にわたしがやけどをして2日ばかり近くの病院に行きました。2日目の朝、わたしが「さあ、病院に行こう。病院は hospital だよね?」と云ったら、息子はにやっと笑ったのです。マザーグースの英語のビデオを見ていたので分かっていたのでしょう。病院の入り口を通過しようとしたとき、彼は立ち止まって上を指さしました。見上げるとそこに Hospital と英語で書いてありました。わたしが料理をしているのを見て、たまにクックと云います。多分 cook のつもりでしょう。

**好きなものについて**　2歳半のころはテレビゲームに夢中でした。そのなかでも特に好きだったのは少し前に小学生のあいだで大流行した「スーパーマリオ」というゲームです。これを教わらずに短期間で8面クリアしました。このことをゲーム好きな大人の方に云ったら、「それは驚異だ！」と云われましたが、いまはほとんどやらなくなりました。

音楽は大好きで、童謡からディスコ、ロックといろいろ楽しんでいますが、とくに好きなのはクラシックです。1～3歳までは幼児用のクラシック（編曲されたビデオ）を聴いていましたが、3歳過ぎてからは普通のものを聴かせています。わたしはクラシックなど興味なかったのですが、こどものお陰で最近やっと良さが分かりかけてきました。靖は少なくとも80曲ぐらいは知っていると思います。テレビである曲がかかり、「あれ、聴いたことのある曲、何だっけ」と思っていたら息子がＣＤを引っ張り出し、口で云えないのでその題目を指さしました。ロッシーニの「ウイリアム・テル序曲」でした。最近車の中でドライブしながら聴かせている曲はドボルザークの「新世界」ですが、気に入っていて曲が終わるまで車から降りないことがあります。これは息子自慢になるかも知れませんが、ディスコの曲を聴いてのってくると、「ギャー」などと叫び声に近い合いの手を入れます。これはＤＪなみのうまさです。

**その他**　「くもんのひらがなあそび」という木のカードがあって、色や数やひらがなの単語が書いてありますが、これは全部取れます。こちらが英語で云って取れるものも少しあります。

市の言葉の遅い教室の先生からは、「たまにつま先立ちで歩くこと」や「ぐるぐる回ること」など、自閉的傾向の特徴だと指摘されたことがあります。「発達が遅れている」とも云われました。

最後に

**健診の先生に「学校にはいっても追いつかない」「大人になっても治らない」と云われた時はさすがに愕然となってしまって精神的にもヨレヨレ状態でした。**でもその後わたしは思いました。確かにいまは遅れているかも知れない。でもなぜ断言できるのだろう。こどもには可能性がある。平均までいかなくてもいい。平均以下でもいい。可能性を信じて、少しでも発達して、できる限りこの子のよいところを伸ばしてあげたい……と。そんな風に思っているときに、友人から送られてきた1冊の同人誌「言の葉通信」を読んで、古賀先生のページが目に止まりました。そしてぜひ古賀先生にお会いしたいと思うようになりました。先生、どうかよろしくお願い致します。

平成11年1月17日　　永井明子

その後も、お母さんは黒磯から何度か相談にこられ、また電話もありました。たしかに、現在の状態では3歳4ヶ月の幼児の生活としては異常であり、自閉的傾向がかなりあると思われました。だが記憶力は抜群であり、知的な能力も高く、感受性が豊かです。しかし、これから幼稚園にいき、学校にはいり、集団のなかで生活していくにはいまのままの生活では困ります。

テレビゲームや幼児用ビデオなどはかたづけてしまって、からだとからだで触れあって、声をかけあってする遊びをたくさんすることが大切でしょう。くすぐったり、追いかけっこをしたり、だっこしたり、お父さんとお母さんが手足をもってゆすってやったり、風呂や布団のなかでの遊びをしたり、あるいは、散歩をしながら話しかける、公園にいき他のこどもの遊んでいるところで遊ぶ、砂場やブランコで遊ぶ、など。そうした遊びのしかたのプリントや本を貸してあげました。

英語や数字は教えるとおもしろいように覚えるかもしれないが、いま3歳4ヶ月では人間関係を育てて行くにはむしろ邪魔にさえなります。に行く、いっしょに洗濯物を干す、いっしょに洗濯物をとりこむ、いっしょに料理をする（レタスをちぎったり、キュウリを切ったり、卵を割る、かきまぜる、など）、いっしょに配膳をする……。とにかく、声かけをしながらいっしょに過ごすようにすすめました。

その後、一家は黒磯からさらに遠いところに転居されたので、相談は数回で終わりましたが、年賀状はずっと続いていますし、電話もときどきかかってきます。

以下はお母さんからの年賀状です。

●黒磯にいたときには、たいへんお世話になりました。靖は小学2年生になりました。音楽が好きで、ピアノ、バイオリン、ソルフェージュ、作曲の勉強をしています。公文の英語は栃木県で5位の成績、今年の1月には英検4級にチャレンジ。学校の成績は学年1位です（2004・小2）。

（ピアノを弾いている写真）

●友だち関係もよくなっているようです。英語と作曲は、いま高校の勉強をしています。昨年英検3級に合格し、今度は準2級にチャレンジです（2005・小3）。

●昨年ピアノ発表会ではモーツァルトのソナタを演奏しましたが、4年生になってからスランプ状態です。そういう時期だそうです（2006・小4）。

●昨年はピアノの先生の厳しさに耐えられず、先生をかえたりいろいろありましたが、小4で英検準2級に合格、次は2級の勉強中。ピアノも楽しくやっています（2007・小5）。

●学校の面談で担任の先生から「なんの問題もない」と云われ、クラスで親友もできました。むかしとくらべると信じられません。今年は中学受験で、わたしの方が疲れてしまいました（2008・小6）。

●息子は私立の中学に入学して学生生活をエンジョイしているようです。新しい友だちもたくさんできました。担任の先生からも素直で礼儀正しいとほめられました（2009・中1）。

●息子の中学の担任は、1、2年ともとてもよい先生で助かりました。担任の先生から「とても素直で友だち関係もよく、何も心配していません」といわれました。むかしを考えるとわたしも信じられません（2010・中2）。

（古賀・こんなに成長して何も心配いらなくなったようですのに、3歳のときは「学校にはいっても追いつかない」「大人になっても治らない」などと云われていたのですね。当時のお母さんのお手紙と比べてみてください。）

# 第５章　その他の人々

## 1.　仕事を探しています

高橋ゆり子　29歳（知的障害）

はじめて相談にきたのは１９８９（平成1）年6月、ゆりちゃんが**7歳3ヶ月**のときでした。小学校の普通学級に通っていました。心配なことは、２年生なのに数字・ひらがなを理解できないことでした。市の教育相談にいったところ、「母親が教えるのが一番だ」と云われましたが、自信がもてないと『ぞうさんの部屋』を紹介してもらってきたのでした。

左利きで、なぐりがき程度しかできません。食事は握り箸で。しかし生活の面では自立していて、身の回りのことは一人でできます。『ぞうさんの部屋』でわたしが相手をしたのは僅か10ヶ月弱ですが、その間にひらがなの読み書き、一桁の計算はできるようになりました。書くことは苦手でした。１９９０年の4月からは古賀の娘が中学にはいるまで勉強をみていました。

以下は**本人**からの年賀状です。**全部自分で書いています。**

●4月から専門学校に行くことになりました。今年もよろしくお願いします（2000・17歳）。
●高校を卒業して専門学校に行っています。専門1年のとき修学旅行でヨーロッパに行きました。もう1年がんばります（2001・18歳）。
●あけましておめでとう。家族みんな元気にしております。専門学校ではドレスを作りました。もう1年前に卒業しました（2004・21歳）。
●あけましておめでとうございます。ビラ配りをしています。12月31日にキンキキッズのコンサートに行きました。楽しかったです（2006・23歳）。
●お元気でしたか。今年もよい年になりますように。わたしは元気です（2007・24歳）。

〈2009年のアンケートから（お母さんが書いた）〉
＊社会人。27歳。どこにも行かず家に居る。
＊異性への関心：異性と会う機会がない。
＊楽しみ：年に1、2回ジャニーズのコンサートを見に行ってます。高校時代の友だちとカラオケなどを楽しんでいます。
＊気になっていること：何か仕事をみつけてやりたいと思っています。

（古賀・障害者職業訓練所に通うと、そこから就職を世話してもらえると思います。ぜひ積極的に動いてみてください。まず、市の**障害者就業・生活支援センター**に相談してみてください。仕事にブランクがあり、のん

びりしていると働きたくなくなってしまいますよ。障害者就業・生活センターは第６章参照）

## 2. 高校は聾学校に行きました。就職もしたのですが

木田みどり　28歳（難聴）

1989（平成1）年9月、5歳5ヶ月のとき来室し、入学までのあいだにことばの理解をすすめたいということで、半年間通ってきました。両親と兄2人（12歳と7歳）、姉（9歳）との6人家族、4人兄妹の末っ子です。3歳のとき肺炎で2週間入院した以外問題なく過ごしてきました。

絵本は大好きで、晩ご飯の前と寝る前に何冊も読む（ノンタン、しろくまちゃん、など）。テレビも好きで、「どらえもん」「あんぱんまん」などを見る。音楽は、保育園で習ってきた歌を兄・姉といっしょに歌う。

外では公園でブランコ、自転車乗りなど。家の中ではブロック、人形遊び、塗り絵など、兄や姉と遊ぶ。兄や姉の遊びを見て真似ることもできる。

（古賀・いい環境ですね。他方、ご家族が多いので、みどりちゃんばかり相手にすることはできないでしょうが、1対1でゆっくり相手になってやる時間も工夫してつくってほしいですね。）

三歳児健診のとき保健所で多摩療育園を紹介されて検査にいったが、聴覚検査で左側は正常、右

側は軽度の難聴だと診断されました。

『ぞうさんの部屋』では、入学にそなえて文字の読み書き、数などの勉強をしました。とくに、発音をはっきりさせるため、文字の読みには力をいれました。きちんと坐ってお勉強ができたので、しりとり、なぞなぞ、本の読み聞かせ、カードを使った文字遊び、数あそび、などもできました。

普通学級には無事入学できましたが、難聴があるので市の「ことばと聞こえの相談室」を紹介し、そこにも通いました。私はみどりちゃんが1年生になってうまくスタートがきれるところまで見守りたいと思っていたのですが、海外へ行くことになったので1990年3月で中断してしまいました。

以下はお母さんからの年賀状です。

●先生お元気ですか。みどりは保育園、小・中学校と地域の学校に通いましたが、高校は立川聾学校にお世話になりました。4月に入学してから、実にいろいろなことがありました（2000・高1）。

●みどりは、今年4月から高3になります。ルーズソックスと携帯でいまどきの女子高生、恵まれた環境でのびのびと通学しています。『ぞうさんの部屋』とけやき台小学校の聞こえの教室に合計7年通いました。いまでも栄町を自転車で通るとき、事故にもあわず通ったことや、偶然にも先生が立川に住んでいらっしゃったことを思い、感謝の気持ちで胸が一杯になります（2001・高2）。

●みどりは聾学校卒業後、小平の東京都障害者職業能力開発校のデザイン・コースに入学します（２００２・高３）。

●お元気ですか。月日のたつのは本当に早いですね。みどりも昨年20歳になりました（２００４・21歳）。

●みどりも23歳になりました。勤めていた会社が移転になってしまい、家事手伝いをしています（２００７）。

●みどりも24歳になりました。元気にしております。お元気にご活躍の様子、嬉しく思います（２００８）。

●みどりも元気に過ごしております。お元気でご活躍の様子、嬉しく思います（２００９・26歳）。

●みどりを連れて古賀先生の『ぞうさんの部屋』やけやき台小学校（ことばと聞こえの教室）に通っていたころが思い出されます。ご健康をお祈りしています（２０１０・27歳）。

（古賀・さぞ美人のお嬢さんにおなりでしょう。よい仕事先やボーイフレンドがみつかるといいですね。立川は私がいたころとすっかり変わってしまって、行くと今浦島の感じです。

家にずっといては発展がありませんね。ヘルパーの資格をとる、または美容師を目指すなどはどうですか。）

## 3. 臨床検査専門学校で国家資格をめざしています

沢口明洋 27歳（自閉的傾向）

明洋くんは、１９８６（昭和61）年12月に**3歳できて以来、7歳になるまで**『ぞうさんの部屋』にきていました。ことばが遅い、会話にならない、ひとの真似をしない、友だちと遊べない、幼稚園で先生のいうことに従えない、などという状況なのだが、小学校は普通学級にはいってやっていけるだろうか、ということでお母さんが相談に来られたのです。

『ぞうさんの部屋』では、学研の「なかよしがくしゅう」（3歳）、「幼児のがくしゅう」（4歳）などを使いながら工夫して教えるとどんどんちからがついてきて、入学までには知的には年齢相応のことができるようになっていました。小学校の普通学級に問題なく入れました。

お友達との遊びはなかなかよくできませんでしたが、普通学級でなんとかやっていました。しかし、お父さんの転勤で神戸に引っ越しましたので『ぞうさんの部屋』にはこれなくなりました。

以下は最近の年賀状ですが、なにか心配があると遠くからよく電話をくださいました。知的なちからはあるが人間関係がうまく築けないアスペルガー・タイプのお子さんなのだと思います。

● 明洋は高校で、今月中旬シンガポール、マレーシアへ修学旅行ですが、自由行動の時間があるようで、それが心配で心配でたまりません。またお手紙を書かせていただきます（2001・17歳）。

●明洋は無事大学に入学し、喜んで通学しております。英検も準2級に合格しました。東京にいたころからは想像もつかないほど成長いたしました。一度お会いしたいです（2002・18歳）。

●明洋も4月から3回生です。大学生にやっとなれたかと思ったらもう次の心配で、いつこころが休まるのかという思いです。お体を大切に（2004・20歳）。

●明洋はなんとか卒業できそうですが、大学院というハードルは飛び越えられるかどうか、とても心配です（2006・22歳）。

●明洋は専門学校へ進む予定です（2008・24歳）。

（古賀・ひととのつきあいが下手で、友だちができない。いろいろ心配して電話で相談してきた。いまは神戸に住んでいるがお父さんの赴任先が九州になり、お母さんはいったりきたりの生活らしい。大人のアスペルガー症候群の人とのつきあい方、生きづらさをどうやわらげるか、などについて、本を2、3冊紹介した。）

●去年はいろいろ教えていただき、有り難うございました。いま専門学校に通いながらカウンセリングも受けています。専門学校の2年をやりなおしています。見守っていてくださいね（2009・25歳）。

●明洋は今年卒業と国家試験で、お正月返上です。大学卒業後、臨床検査専門学校で国家資格をめざしています。成績はよいとはいえず、必死でなんとかついていっています。はたして試験に合格するのか、合格しても面接で落とされ、就職できないのではないかと不安や悩みはつきません。うちのようなこどもはどのようにして自立していけばよいのか、たいへん悩みます。情報もまったくないので、同じようなタイプのお子さんとコンタクトがとれれば、と切に思います（２０１０・26歳）。

（この本で紹介した沢田さんと似ています。臨床検査技士などは明洋くんにむいている仕事だと思います。上司にアスペルガーの特徴を理解してもらえたら、やっていけるのではないでしょうか。対人関係はうまくいけれども、仕事は手順がわかれば真面目にやることなど、評価してもらえるでしょう。）

# 第6章　親亡き後の問題

最近何人もの方から、こどもがグループホームにはいった、ケアホームに入った、幼いときあんなにたいへんだったのに、今は夫婦だけの落ち着いた生活をしている、というお便りを頂きました。親は、趣味を楽しんだり、パートに出て人との出会いを楽しんだりしているとのことで、ああよかった、他のひとたちはどうしているのかしらと思いました。

そこで2009年に、前に『ぞうさんの部屋』にきていてすでに成人している人々のお母さんにアンケートをお願いし、こどもたちの今の状況、親が弱ってきたときどうするのか、それについてのお考えなどを尋ねてみました。これによって、お母さんたちが弱ってきてから急に心配するのでなく、いまから余裕をもってそのときの準備をして頂くきっかけにしたいと思ったからです。

アンケート回答で集まった資料をもとにして、みなさんの経験も交え、今後の方策を話し合う親の会を同年3月にひらきました。しかし開催の時期が悪く、ちょうどお彼岸の連休にぶつかって都合のつかない方が多く、出席者7人だけの集まりでした。それでも私にとっては何十年ぶりかの再会でとても懐かしく、また出席者はお互いに初対面の方がほとんどだったのに、皆さん和気藹々と腹を割って率直に話し合えたので、とてもよかったと思います。ただ、出席者のなかには現在グループホームやケアホームにお子さんをいれている方がいなかったので、その経験を聞くことができませんでした。出席者は、今後ともお互いに情報を交換し合い、助け合っていこうということで散会しました。

ここではアンケート回答のまとめと、そこで述べられているグループホームやケアホームの状況報告を紹介します。また、親亡き後の問題点とそれについて考えられるいくつかの問題についても述べました。

まず、どんなアンケートなのかをご紹介します。

**アンケートへの回答お願い**

立春も過ぎたとはいえ、まだまだ寒い日が続いていますが、いかがお過ごしでしょうか。インフルエンザも流行っていますが大丈夫でしょうか。

毎年年賀状をいただき、なつかしく拝見していますが、ぜひお会いしてお話を伺いたく、3月にお母さま方の（もちろんお父さまでも）会をもちたいと思います。

その前に以下のようなアンケートにお答えいただき、それによって話題の方向を考えたり資料の準備をしたいと思います。お忙しいでしょうが、ぜひお返事を下さいますようお願いいたします（お答え頂いた内容は、個人名を出すようなことはありませんからご心配なく）。

**A　社会人になられた方**

1. お子さんの年齢　（　　）才
2. 就職した　仕事は（　　　）給料は月（　　　）円
3. 就職したことがあったが、うまくいかずやめた（　　　）年ころ
4. 作業所に通っている　給料は　月（　　　）円
5. どこにも行かず家にいる
6. 施設に入所している　ア　そこでの生活を楽しんでいる
　　イ　そこでの生活をいやがっている
　親が弱ってきた場合　ア　施設にいれるしかない
　　イ　グループホームなどで自立に近い生活をさせたい
　　ウ　自立していけると思う
　　エ　その他
7. グループホーム・生活寮などにはいり、たまには帰ってくるようにしたい
　ア　そのための運動をしている
　イ　まだ何もしていない
　ウ　市・区にすでにある
8. 異性への関心について
　ア　とても関心がある。ボーイフレンドまたはガールフレンドを欲しがる。あるいは、欲しがった時期があった。
　イ　異性と会う機会を喜ぶ
　ウ　異性と会う機会がない
　エ　結婚したいと云う

オ　異性への興味はないようだ
カ　以上について親の意見
9. お子さんの趣味、楽しんでいること
10. その他気になっていること

B　**生活寮・グループホームに入っている方、教えてください**
1　公立　ア　区または市がつくった
イ　自分たち、親の会などが働きかけてつくらせた
2　自分たちでつくった　費用はどうしましたか
3　管理者（指導者）はいっしょに住んでいますか
ア　いっしょに住んでいる
イ　通ってくる
ウ　そういう人はいない
4　炊事・洗濯などは誰がするのですか
ア　ホームの職員がする
イ　めいめい自分でする
5　金銭の管理はどうなっているのですか
ア　職員が管理してお小遣いとして少額渡される
イ　めいめいが自分で管理する
ウ　親が管理している
6　費用はどうなっていますか

ア　作業所などの収入と障害者年金でまかなっている
イ　足りないので親が不足分を出している（　　　　）円くらい
7　自宅に帰ってくるのはいつですか
ア　土・日・祭日
イ　いつでも
8　そこでの生活を楽しんでいますか
ア　楽しんでいる
イ　いやがっている
ウ　その他
9　そこに住み続けることについて制限の有無
ア　制限がないから、親がみてやれなくなっても安心
イ　本人が病気になっても（本人の状態が悪くなっても）いられる
ウ　なにか制限がありますか
10　なにか心配な点か問題がありますか
11　これからグループホームを必要としているひとへの助言があったらお願いします
以上のことなど直接お話しを伺いたいし、その後の様子などもぜひお聞かせ頂きたいので、3月にお母さんの会をもちたいと思っています。そのときはぜひご出席ください。何曜日ならご都合がつくかお知らせください。

（2009・1月）

## 1. 成人になった人々へのアンケート回答　まとめ

以上のようなアンケートを35通発送し、うち5通が移転先不明で戻ってきて、30人の方から回答がありました。また回答の一部は、すでに各人からの年賀状のうしろにも書いてありますが、これはそれらをも含めた全体のまとめです。

### 仕事について

＊仕事に就かず家事手伝いの人……２人

＊作業所または施設で仕事をしている人　20人

うち、給料（月額）

２０００～３０００円　５人

４５００～５０００円　２人

９０００～1万円　２人　1・25～1・5万円　２人

２～5・5万円　２人

記入なし　７人

＊就職した人……７人

うち、給料（月額）

８万円　２人（うち１人死亡）
11万円　２人
16～17万円　２人
23～25万円　１人

＊大学在学中………1人

## 施設について

＊現在、グループホーム、ケアホームに入所している人　7人
＊現在、従来型収容施設（詳細は不明）にはいっている人　4人
＊将来グループホームに入所させ、自立させたい人　8人
＊無回答、あるいは検討中　11人

## 異性への関心について

＊とても関心がある。異性と会うのを喜ぶ　7人
＊結婚したい　3人
＊結婚したいけどあきらめているようだ　2人
＊異性と会う機会がない　8人
＊異性に興味がないようだ　7人

（古賀・とても関心のある人7人、興味がないようだという人7人。若い青年なのに本当に興味がないのかどうか、わかりませんね。会う機会がない人が8人もいますね。機会をあげたいですね。結婚したい人も3人います。お返事くださった方で女性が4人いるんですけど――、いっしょにハイキングやカラオケ大会でもする

と恋が芽生えるかもしれません。生きるちから、喜びが違ってくるでしょう。)

## 趣味・楽しんでいること(重複回答あり)

*音楽を聴く　8人　*TV、ビデオを見る　6人
*カラオケ　4人　*乗り物に乗る　3人
*鉄道　3人　*ウォーキング、お出かけ、散歩　3人
*水泳　3人　*テレビゲーム　2人
*マラソン　2人　*絵を描く　2人
*スキー　2人　*料理をする　2人
*ひとりだけのもの　旅行、ドライブ、自転車乗り、買い物、陶芸、ピアノ、手紙をかく、刺し子、写真をみる、草むしり、魚釣り、レストランで食事、スポーツ観戦、車のカタログを見る、国語・算数の勉強、インターネット。

(みんな楽しんでいるのね。それぞれ違うのよね。)

## 気になっていること

*成年後見制度のこと　3人
*就労支援センターのこと　2人

## 結婚相談所について

1981年末、静岡県内で初めての民間の心身障害者結婚相談所として誕生し、翌年から活動がはじまったボランティアの結婚相談所（一杉節子代表＝浜松市幸1丁目）が、20年間で300組のカップルを誕生させた。

一杉さんが自宅に結構相談所を開設したのは、国際障害者年が始まった年。亡き夫の喜与男さんが同じ職場で働く障害者のために結婚相手を探したのがきっかけだった。なかなか相談業務に慣れない一杉さんだったが、需要は多かった。

「北海道から沖縄まで、最初の3ヶ月で約7万5千人の応募があった」と語る。いまでも月に最低25組のお見合いに立ち会う。相談所のシステムは登録制。「求婚登録カード」に結婚相手の希望や家庭の意見、障害の部位や等級などを書き、一杉さんが面接したうえで条件に合った相手を紹介する。

10年前に夫が他界、一杉さんは夫の遺志を継ぎ相談を続けている。

同相談所の紹介で4年前に結婚した富士宮市の女性（37）は、「多少のケンカはあるけれど、思っていた通りの家庭が築けた。結婚したあとも一杉さんに相談している」と語る。森町の男性（52）は、結婚して19年、「ふたりのこどもがあることが幸せ」と云う。

静岡県だけでなく、東京でも仙台でも相談会をひらいている（もっといろいろなところでも開いているとのこと）。いちどアタックしてみてはいかがですか。

（静岡新聞、埼玉新聞、河北新報などで報道。
連絡先・一杉節子代表　電話 053—472—6654
ファクス 053—474—5139）

＊グループホームのこと　　　　　３人（いれる時期など）
＊会話が下手、人間関係のこと　　４人
＊その他、友達がいない、生活のスキルが不十分、病気によくかかる、仕事が不安定、仕事がない、過労が心配、自慰行為を指導する必要があるのか、など。
（成年後見制度については今後検討が必要ですね。経験者の話では、とても複雑で手続きに半年くらいかかるとのこと、よく研究してみてください）

## 2. グループホーム、ケアホームにはいっている人々からの現状報告と意見

ホームに入所している人からの回答
**施設の性格**　私立　２人、ＮＰＯ法人　１人、施設の性格不明（記入なし）　４人
**管理者**　通い　１人、一緒に住んでいる　６人
**炊事・洗濯**　ホームの職員がしてくれる。または入所者と一緒　７人
**金銭管理**　職員が管理していて小遣いとして少額渡される　７人
**費用**　作業所などの収入と障害者年金で賄っている　５人
月に９万円、少し親の援助が必要　１人
親が不足分を出している　月１万円　１人

i）木田照男

1. 作業所が都所有の元会社社宅を改修した。入居時特別費用なし。
3. 管理者　一緒に住んでいる。入所者男5人に管理人一人、入居者女5人に管理人一人
4. 炊事・洗濯など　ホームの職員がしてくれる。
5. 金銭の管理　職員が管理してお小遣いとして少額渡される。
6. 費用は　作業所などの収入と障害者年金でまかなわれる。
年金　99万円、給料　月額1500円くらい、家賃補助、市の障害者手当。
これらで賄われる。
7. 自宅に帰ってくるのは　土・日・祭日
10名中2名　親がいなくて休日も帰宅しないので、都合の悪いときは預かってもらえる。
8. そこでの生活を楽しんでいる　家庭的な雰囲気
9. 住み続けることについて　制限がないから親がみてやれなくなっても安心。

**これからグループホームに入れることを考えている方へ**

こどもが小さいころはたいへんで、将来が不安でしたが、いまは仕事や趣味のサークルにはいって充実した生活をおくっています。知人の方も資格をとったり、ご夫婦でダンスパーティに出場し

たりと、あのころには思いもよらなかったことです。いまは大変ななかで、精神力を強く養っているときと考え、先生をはじめとして、まわりの方に感謝していけば、きっと明るい未来が待っていると思います。

以前、ホームに見学にいったとき、管理人の方から入所は若いときの方が適応が早いし親が元気だといろいろ面倒もみてあげられるのでよいのではとのお話があり、心に残っていました。わが家の息子は問題行動が多く、とても無理だと思っていましたが、試しにと思って入所したところ、本人ものびのびとして残念なほど帰りたいそぶりがなく、親もいまでは考えられないほど静かな生活を送っています。

市や親の会ほか情報が常にはいるようにして機会があれば体験させたらよいと思います。わたしの知人でご主人が急に入院・手術でたいへん困った方がいました。いざというときのために、一時預かりでも利用して準備しておくとよいと思います。

ii）　**田中健太**

1. 私立ＮＰＯ法人
3. 管理者・指導者は　世話人が交代制で泊まっている。
4. 炊事・洗濯　ホーム職員がしてくれる。干したり畳んだり手伝うこともある。
5. 金銭管理　職員が管理して、小遣いとして少額渡される。親も管理している。

6. 費用は　作業所などの収入と障害者年金でまかなっている。
7. 自宅に帰るのは　週1回＋長期休日（5月の連休、盆と正月）
8. そこでの生活　楽しんでいる。
9. 住み続けることの制限　なし

**これからホームへ入れようかと思う人へのことば**

何かを選択するときにいつでも不安や迷いが生じるかと思いますが、家族の絆も大事であるように思います。いつになってもうまい話はないと思いますので、そのつど意見交換をしながら最後に家族皆で力を合わせるとよい方向につながるような気がします。微力ながらお役に立てれば幸いです。

ⅲ）**白井りか**

1. 公立、私立？
2. ？
3. 管理者　通い。
4. 炊事・洗濯　職員がしてくれる。
5. 金銭管理　職員・親・本人――併用

6. 作業所の収入・年金では足りないので、親が9万円くらい出している。
7. 自宅へは　土・日・祭日、1週おきで帰ってくる。
8. そこでの生活を楽しんでいる。
9. 住み続けることへの制限　なし。
10. なにか心配な点　住み続けることへの制限はとくにありませんが、だからと云ってそれで心配がないかというと心配なことばかりです。
11. これからホームを必要としている人へ
個々の考え方ですが、問題を抱えている子からいかに親が自立して行くか、ここがポイントのように思います。

（古賀・この方はお子さんの相談はしていないが、古賀の友人でお子さんをホームに入所させている方なので答えて頂いた。もう10年以上になるとか、皆さんがお集まりになればその経験を話してくださると云って下さいました。また次のようなお便りを頂きました。）

娘のりかは埼玉県寄居町にある生活ホームに入り、10年以上も過ぎてしまいました。相変わらずの生活ぶりです。そんな生活ぶりを含めて、古賀さんのところに集まる方たちの参考になるようでしたら、わたしどもの経験もお話できると思います。息子も大学卒業後、やはり福祉系の道に入り、新宿区で知的障害児の児童館・学童保育のような仕事をするようになりました。これは親の会がつくった社会福祉法人です。

**iv）村井一夫**

お返事がなかったので電話で伺った。

平成20（2008）年8月からグループホームにはいった。費用は障害者年金でまかなっている。

そこでの生活がとても気に入り、楽しんでいる。住み続けることへの制限はない。

そこから近くの作業所に通っている。

**v）永井明子**

**ケアホームを自分たちでつくった方の場合**

社会福祉法人にお願いして設置した。

**設置にかかった費用**

土地　社会福祉法人が購入　2500万円

建物　都の補助金　2100万円

親ひとりあたり1000万円寄付　計2400万円

**総事業費**　およそ　５４００万円内訳　社会福祉法人　３４０万円

銀行借り入れ　２５００万円

都の補助金　２２３９万円

親の寄付　３２０万円現在の費用　家賃　４５、０００円

食費　２０、０００円

水道光熱　１０、０００円

日用品　３、０００円　　計　７８、０００円

作業所の収入と年金のほか、親が月1万円援助。

3. 管理者　通ってくる。夜勤者　１名
4. 炊事・洗濯など　ホームの職員がしてくれる。
5. 金銭管理は　めいめい自分でする（親が管理している）
6. 帰宅　帰りたいときに自宅に帰る
7. そこでの生活を楽しんでいる。病気になれば居られなくなる？
8. 心配な点　病気のときや作業所が休みの日などの看護体制　日中の職員配置がないため、親の負担が完全には解消されない（制度上の問題や経営規模に起因）

**これからホームを必要としている人への助言**

制度は不備な部分も多いし、安心できるものではありませんが、経営（運営）の理念を明らかに

し、達成できる経営形態（運営主体の選択・規模の選択）を十分に検討することが望ましいと思っております。

**vi）松田　順**

古賀先生、ご無沙汰致しております。お元気なご様子でなによりでございます。順も毎日元気に青葉ワークセンターに通所しております。アンケート遅れて申し訳ございません。親が弱ってきた場合のところで考え込んでしまいました。

昨年の11月、5年間寝たきりの母を見送りました。兄嫁の献身的な介護を受け、幸せな生涯を送りました。それを目の当たりにし、自分たちのことに置き換えたとき、長男夫婦にすべてを担わせるのは無理があると思う今日このごろです。

現在通所している青葉ワークセンターにも生活寮があり、将来は考えるときがくると思っております。いまのところは主人も私も元気で生活していますので、少しでも長く順と生活できるようがんばるつもりです。

## 3. 旧来の障害者施設に入所している人から

社会福祉法人　4人　施設にはいっている人は、お正月・5月の連休とお盆休みなどに帰ってくる。

**白井ゆかりさんからの便り**

いろいろ行事をしてくれて楽しんでいるようだが、やはり家は自由でいちばんいいと思っているようで、外泊のとき「お父さんお母さんがいなくなるとこの家に帰ってこれなくなるね」と云ったりする。

親の会などで施設の見学や勉強会などへ出て、早くから情報を得ることを勧めます。

**新田友夫さんからの相談**（長野県にある施設にはいっている）

とても嫌がっていて、家に帰ると施設に戻りたくなくて逃げ回る。面会に行くと親を帰したがらないので不憫である。近くのグループホームなどで毎週家に帰れるようにしてやりたい。どうしたらいいか。

（古賀・ご両親で相談にいらした。市の福祉課はたよりにならないという。自閉症親の会・手をつなぐ親の会・市内にある作業所などへ行って相談してみるように云ったが、その後お母さんが遠くにいる親の介護などで忙しくなり、それっきりになってしまった。また一緒に考えなくては、と思っている。）

## 4. 親亡き後の問題

各種障害者居住施設について

●自立訓練や就労移行支援を受けている者で、生活能力から単身の生活が困難なものが、グループホームかケアホームにはいることができる。

・**グループホーム**（共同生活援助、訓練等給付を受ける）グループで住んで生活援助を受けながら仕事にいっている人がはいる。

・**ケアホーム**（共同生活介護、介護的給付を受ける）ここには、生活に介護を必要とする人がグループで住み、福祉作業所などで働く。

●自立して生活したい人のための居住支援

・福祉ホーム

・アパート

・公営住宅など

●これまでの施設

・重症心身障害者施設　2003年（平成15年）に措置制度から利用制度に転換し、障害者の地域生活を支援する方向になった。いわゆる大きな収容施設が解体され、小さなグループに別れて暮らすようになったが、目標は5年の移行期間があったが平成20年でまだ達成はできていません。

（宮城県でこれが行われた時、重症の人々などはずいぶん戸惑ったと報道されていたという記憶があります）

わたしは、親は東京に住みながらこどもは北海道や長野県、静岡県などの施設にいれられ、親子がめったに会えないような状況から、歩いていけるところにこぢんまりと目の届くグループホームに住み、そこから仕事や作業所に行き、旅行やレクリエーションを楽しみ、週末は親・兄弟とすごせるようになったらどんなにいいだろうとずっと思ってきたのです。少しずつその方向になってきたので本当によかったと思っています。

わたしは小さなことばを話せないお子さんのお相手を仕事としてきましたので、成年に達したひとの福祉政策は新聞で読む程度の知識しかありませんでした。今回30才、40才近い人たちがどうしているのかと思いアンケートをしてみて、泥縄で勉強したところです。ご自分が直面して、運動してきたお母さん方の方が知識も苦労もおありだと思って、お互いに経験を話し合っていただきたいと親の会を計画しましたが、日の設定が悪かったのか、当事者の方においでいただけませんでした。この本をきっかけに、経験者の方これからの方がまた集まって話し合う場を持てたらいいなと思っています。

アンケートの27人（18～40才の方々のお母さん27人）の回答は、前記したように、以下のようにわけられます。

すでにグループホーム、ケアホームに入所している人　7人

施設（従来型障害者収容施設？）にはいっている人　4人

（将来これはケアホームと位置づけられるのかも知れない）

将来グループホームに入所させたい人　８人
すでに自立している、または自立できると思う人　６人
（この人たちには必要なら福祉ホームや公営住宅が提供されるかも知れない）
親亡き後は障害者施設に入所させるしかないと思う人　２人

グループホームに将来いれたいと思う８人のうち、作る運動をしている人は１人、あとはまだ何もしていないという人です。親が健康なうちから他のひとの支援を受けつつ地域で暮らす経験を積んでいく必要があると思います。そのためには、手をつなぐ親の会、自閉症児者親の会、市・区の福祉関係者、あるいはＮＰＯ法人で障害者の自立を助けてくれるものなどが近くにないか、ともかく情報を集め、こまめに会に参加し、早めに動き出すことが必要だと思います。

親が50代、せめて60代にはめどをつけておく必要があると思います。70代になってからではしんどいですよ。

## 生活費

作業所または施設で仕事をしている方の収入は、本当にお小遣い程度、この方たちは障害者年金の申請は済んでいるでしょうか。

**障害者年金をもらう**には、かかりつけ医などで書いてもらう診断書が必要。

愛の手帳の申請は年齢制限はない。

年齢が上がると学齢期（小・中・高?）などの成績証明。就職したらその職歴が必要。

くわしくは役所の障害福祉課へまず相談。

東京なら東京の心障センターへ行く（各道府県にもあるでしょう）。

多摩地区のひとは、国立市に多摩支所（出張所）があります。Tel. 042-573-3311

## 就職できず家にいる人

就職支援制度を利用。知り合い・友人などのコネも最大限に活用。

作業所に行きたければ福祉課へ行ってみる。

お母さんたちが力を合わせて事業を始める。


一般就労したければ、障害者職業訓練所に通う。「愛の手帳」か「心障手帳」をもっている人は、1年間通所して訓練を受け実習をして、その態度や技術の習得により仕事を紹介される。64才まで受けられる。65才からは介護保健の対象。

たとえば、ダウン症の九住さんは訓練所に通ったあと、松屋チェーンに就職でき、職員としてきちんと働いている。月給11万円くらいを得ている。

**障害者就業・生活支援センター（就労支援事業）**

○　特別支援学校を卒業したが、就労に必要な体力や準備が不足しているため、これらを身につけたい人。
○　就労していたが、体力や職場の適性などの理由で離職した人、再度訓練を受けて適性にあった職場で働きたい人、を対象とする。ただし65才まで。

事業所内や企業において作業や実習を実施し、適性に合った職場探しや就労後の職場安定のための支援をおこなう。

サービス管理責任者、職業指導員、生活支援員、就労支援員、などがいる。

雇用側と福祉側とが協力して障害者雇用を推進する。

付録　自閉症について・最近の研究から

## 自閉症研究の歩み

第Ⅰ期

1943　レオ・カナー（アメリカ精神科医）　早期幼児自閉症　を発表。

1944　ハンス・アスペルガー（オーストリー小児科医）　自閉性精神病質　を発表。

第二次大戦中であり、二人の交流はなかった。

1940〜60年代には、自閉症は重症の後天性の**情緒障害**だとみられ、精神療法、ベッテルハイムの絶対受容による徹底した治療がおこなわれた。

第Ⅱ期

・1960年代後半には、自閉症が**発達障害**であることがはっきりしてきた。

てんかん発作を起こす自閉症児が相当数いる。これは**脳の器質的な障害**があることを示している。

自閉症の8割が精神発達レベルが低く、知的障害がある。児童分裂病との精密な比較研究が行われ、完全に別のものであることが示された（1971）。

・1970年代には、**認知・言語発達障害仮説**が盛んになった。自閉症が言語障害や対人関係をおこすのではなく、言語障害が自閉を起こすというコペルニクス的転換。受容的な治療方法は百害あって一利なしで、行動療法によるトレーニングの有効性が実証的に示された。言語障害が中心であるなら、言語治療によって病態は改善するのではないか。ロバースらは、週40時間以上を2年以上という実践をおこなった（McEachin et. al. 1993）。

・1980年代後半、言語障害のみからは自閉症、すなわち**社会性の障害**が生じないことが明らかになる。自閉症の中心は自閉つまり社会性の障害である。言語訓練が社会的な機能をどうひきあげることができるか。自閉症という病態が非常にまれなひとつの病気の単位ではなく、さまざまな似た状態をもつ、相当広範な症候群であると考えられるようになった。診断基準には**広汎性発達障害**という概念が登場。

・1981年、ローナ・ウィング　**アスペルガー症候群**　を発表。言語障害は非常に軽いが、自閉症に似たひとつの症候群と考えられるひとびとがいる。このグループの特徴が、かつてアスペルガーが発表した児童とよく一致することで、アスペルガー症候群と名付けた。

・1988年、バロン・コヘン　**高機能自閉症**　を発表。正常知能の自閉症者が言語機能においても、ことばの理解についても障害がないにもかかわらず、自閉症に共通の社会性の大きな障害をもつことがある。
・自閉症には多くの類似の病気があることが明らかになった。
1990年代、広汎性発達障害が次のように分類された。

DSM-IV（アメリカ）

自閉性障害
レット障害
崩壊性障害
アスペルガー障害
その他の特定不能の広汎性発達障害
（非定型自閉症を含む）

ICD-10（WHO）

小児自閉症
レット症候群
その他の小児崩壊性障害
アスペルガー症候群
非定型自閉症
精神遅滞と常動運動を伴う過動性障害
その他の広汎性発達障害
特定不能の広汎性発達障害

第Ⅲ期

自閉症者自身の自伝や回想が数多く公表されるようになり、自閉症の特異な体験世界が明らかとなってきた。

第一、高機能者といえども少なくとも幼児期は混沌とした恐ろしい世界になること。

第二、意識のあり方が言語を軸とした通常の意識とはかなり異なっていること。

などが明らかになってきた。

広汎性発達障害とは

社会性の先天的の障害をもつ。言語・コミュニケーション障害、認知の障害をほぼ必ず持つ。さらに多動性の障害、協調性の障害を合併する。

障害のあり方が、他の発達障害にくらべて広汎であるために用いられる呼び方。

自閉症スペクトラム障害と呼ぶ方が適切であるというひともいる。

○レット障害（レット症候群）

女児にのみ発症。0才で正常な発達から急激な退行を来して発症し、手の自己刺激的な手揉み運動がみられ、手が道具として機能しない。痙性の歩行障害などを伴うことがある。自閉症類似の社会性の障害がある。重度または最重度。

○崩壊性障害（ヘラー病）

2才台、典型的には3才台に正常発達から折れ線発症によって始まり、一般に重度の知的障害を伴う広汎性発達障害の一群。

○アスペルガー症候群（アスペルガー障害）

言語・コミュニケーションの障害は非常に軽微。大多数がＩＱ７０以上の、または85以上の高機能児・者。

○高機能広汎性発達障害

知的障害をもたない児童または成人。自閉症の2割、IQ70以上または85以上。6才でIQ70でも高校では100になることが多い。高機能のアスペルガー症候群、高機能の自閉症、高機能の特定不能の広汎性発達障害（非定型）などがある。

（以上、次の本を参考にまとめた。「高機能広汎性発達障害－アスペルガー症候群と高機能自閉症」杉山登四郎・辻井正次　編著ブレーン出版　2000）

広汎性発達障害　100人に1人くらい
自閉症　1000人に2〜3人
アスペルガー症候群は自閉症と同じか、それよりも多い。
遺伝要因　一卵性双生児の一致率　80〜90％　二卵性双生児の一致率　2〜10％
　一般の発生率　0・2％　兄弟の発生率　2％

## 自閉症スペクトラム（連続体）という考え方

・スペクトラムとは英語で連続体という意味です。つまり典型的な自閉症か、高機能自閉症か、

## 自閉的連続体

1～4の番号は，1が障害・遅滞が最も重いひとの傾向，4が軽いひとの傾向を示す。

| 項目 | 1 | 2 | 3 | 4 |
|---|---|---|---|---|
| 社会的相互作用 | 孤立と無関心 | 物的要求の働きかけのみ行う | 働きかけの受動的受け入れ | 異様な一方的働きかけを行う |
| 対人コミュニケーション（言語・非言語） | コミュニケーションの欠如 | 要求のみ行う | 働きかけがあれば応答する | 自発的に行うが，反復的で一方的，奇妙 |
| 対人的イマジネーション | イマジネーションの欠如 | 機械的に人を真似る | 人形・玩具等を正しく用いるが断定的，非創造的で反復的 | ひとつのテーマを繰り返して演じる。他児を「機械的補助具」にすることがある |
| 自分が選んだ活動の反復的パターン | 単純で，身体に向けた | 単純で，物に向けた | 複雑なきまり，物の操作や動作 | 言語的，抽象的 |
| 形式的言語のシステム | 言語の欠如 | 断定的，多くはおうむ返し | 代名詞，前置詞の誤った用法，語句の自己流用法，奇妙な構文 | 文法的に正しいが，回りくどく反復的，語義そのままの解釈 |
| 感覚刺激への反応 | 非常に目立つ | 目立つ | ときにはある | ごくまれにか，まったくなし |
| 身体運動 | 非常に目立つ | 目立つ | ときにはある | ごくまれにか，なし |
| 突出的技能 | 突出的技能なし | ひとつの技能は比較的すぐれているが，それも歴年齢水準よりは劣る | ひとつの技能は暦年令に相当するが，それ以外は暦年令水準よりかなり劣る | ひとつの技能が暦年令を超えた高いレベルにあり，他の能力とは際だつ |

ウタ・フリス編著「自閉症とアスペルガー症候群」・ローナ・ウィング【アスペルガー症候群とカナーの古典的自閉症】より
（図解・よくわかる自閉症　榊原洋一著　ナツメ社　2010　から再引用）

アスペルガー症候群かという区別をはっきりさせるのではなく、これらすべてを「自閉症スペクトラム障害」という大きなひとくくりとしてとらえる考え方です。知的遅れが重いか軽いか、言語能力が高いか低いか、などさまざまな観点から連続体をつくり、その中でひとりひとりの状態がどこに位置づけられるかを見ることで、こどもに必要なサポートをきめ細かく判断できます。

・また、自閉性障害では、診断がついたあと、成長とともに病状の現れ方が変化することがよくあります。たとえば、ことばの出なかった子が次第に話せるようになり、強く現れていた特徴的症状が弱まったりすることがあります（わたし（古賀）も相手をしていて数多く体験しました）。その際、最初にあてはめた病名が適さなくなることもあります。

・また、自閉症の場合、ＡＤＨＤ（注意欠陥多動性障害）など、ほかの発達障害を合併している場合も少なくありません。ひとつの病名にこだわらず、こどものありのままの状態を的確にとらえることが大切です。そうすることがひとりひとりへの適切な治療・支援につながると云えます。

### ◇自閉症とそれに似た発達障害のいろいろ

**自閉症**　ことばの発達の遅れ／知的な遅れ（全体の８割）／対人関係・社会性の障害／常同行動・こだわり

**アスペルガー症候群**　ことばの発達の遅れはない（自閉症と比較して）／知的な遅れはない（自閉症

と比較して）／対人関係・社会性の障害／常同行動・こだわり／不器用（ことばの発達と比較して）

**注意欠陥多動性障害**（ＡＤＨＤ）　不注意、注意力散漫／多動、落ち着きのなさ／衝動的行動

**精神遅滞**　認知や言語・運動など全般的遅れ

**学習障害**（ＬＤ）　聞く、話す、読む、書く、計算などのどれかの学習に著しい困難を示す。勉強ができず、自信喪失する。

（「よくわかる自閉症」榊原洋一著　ナツメ社　２０１０　より）

**自閉症とてんかん発作**

・自閉症の１／５〜１／３がてんかんに罹患するとされており、自閉症の50％に脳波異常があると云われている。

・痙攣のある自閉症の８〜14％が結節性硬化症と云われている。

・アスペルガー症候群の８・７％、高機能自閉症の13・３％にてんかんまたは脳波異常が見られたとの日本の報告がある。

・さらに特記すべきことは、自閉症のてんかんの特徴として、その発症年齢が青年期以降に多い。また自閉症の中で最初の発作を６才までに起こす者には重度の精神遅滞例が多いとされている。

**（「高機能広汎性発達障害」杉山登志郎・辻井正継著、ブレーン出版　２０００　より）**

# 参考図書

## 1　小学校入学と障害児教育について


・マニュアル・障害児のインクルージョンへ――地域の学校でいっしょに学ぶ　障害者の教育権を実現する会・石川愛子・宮永潔編著　社会評論社　1999

・マニュアル・障害児の学校選択――やっぱり地域の学校だ　障害者の教育権を実現する会・野村みどり・山田英造編著　社会評論社　2005

（以上は毎年内容の新しい同様の主題の本を出している。就学だけでなく、介助員をつけてもらうことなどについても具体的に書いてある）

・みんなといっしょの教室で――共に学ぶことをめざす教師の記録　柘植書房　1981

（東京の小・中・高・定時制高校の先生たちの実践記録）

・地域の学校で共に学ぶ――小・中・高校・養護学校教師の実践　北村小夜著　現代書館　1997

・楽しい学校生活の創り方――軽度発達障害のこどもたちのために　辻井正次著　河出書房新社　2001

・障害児教育とノーマライゼーション――共に生きる教育をもとめて　堀　正嗣著　明石書房　2001

・普通学校での障害児教育　藤田修編著　明石書房　2001

・一緒がいいならなぜ分けた――特殊学級の中から　北村小夜著　現代書館　1988
・ふつうのがっこうにいきたいんや　大阪教育を考える会編　風媒社　1979


## 2　障害児のことがわかる本


・こどものためのバリアフリーブック――障害を知る本　茂木俊彦監修　稲沢潤子・文　オノビン＋田村孝・絵　大月書店　1998　各1800円＋税
①　障害と私たちの社会　茂木俊彦編
②　ダウン症のこどもたち　池田由紀江編
③　てんかんのあるこどもたち　三宅捷太編
④　ことばの不自由なこどもたち　中川信子編
⑤　耳の不自由なこどもたち　藤井克美編
⑥　目の不自由なこどもたち　池谷尚剛編
⑦　自閉症のこどもたち　太田昌孝編
⑧　LD（学習障害）のこどもたち　上野一彦編
⑨　知的な遅れのあるこどもたち　清水貞夫編
⑩　からだの不自由なこどもたち　藤井健一＋中村尚子編
障害児を支える人々　茂木俊彦編

（以上、いずれも、こどもにわかるように絵と言葉で説明してある非常にわかりやすい本。）

**3　自閉症・アスペルガー症候群など**

（次の4冊は、字も大きく絵もたくさんはいり、誰にもわかりやすく書かれている。アスペルガーの人々への支援も書かれている）。


・アスペルガー症候群の子育て200のヒント　ブレンダ・ボルド著　落合みどり訳　東京書籍　2006

・ササッとわかる「大人のアスペルガー症候群」との接し方　加藤進昌著　講談社　2009

・ササッとわかる「アスペルガー症候群」との接し方 イラスト版　榊原洋一著　講談社　2010

・発達障害を考える、心をつなぐ、図解・よくわかる自閉症　榊原洋一著　ナツメ社　2010

・高機能広汎性発達障害――アスペルガー症候群と高機能自閉症　杉山登志郎・辻井正次編著　ブレーン出版　2000（自閉症研究の変遷なども書かれ、現在の考え方がわかる本）

・LDとは――症状・原因・診断理解のために（LD教育選書1）上野一彦他編集　学研　1996

・自閉症学習障害を追いかけて――母の目・記者の目　吉川正義著　ぶどう社　2002

・自閉症スペクトル――親と専門家のためのガイドブック　ローナ・ウィング著　久保佐章・佐々木正美他監訳　東京書籍　2000

・自閉症とアスペルガー症候群　ウタ・フリス編著　富田真紀訳　東京書籍　２００１

**4　障害者の自立を支える**

・図説・障害者自立支援法　第2版　坂本洋一著　中央法規　２００８
・自立と共生を語る——障害者・高齢者と家族・社会　大江健三郎・正村公宏・川島みどり・上田敏・共著　三輪書店　１９９０
・豊かな福祉社会への助走—福祉は社会を変える　浅野史郎著　ぶどう社　ｐａｒｔ１　１９８９　ｐａｒｔ２　１９９３
・スウェーデンの知的しょうがい者とノーマライゼーション——当事者の参加・参画の論理　河東田博著　現代書館　１９９２

（以下、すこし古い本ですが、基本的な考え方で参考になると思います。）

・地域で働くことを支える——知的・精神的障害をもつ人たちの地域就学援助　飯田進著　ぶどう社　１９９３
・施設を出て町に暮らす——知的障害をもつ人たちの地域生活援助の実際　太陽の園・旭寮編　ぶどう社　１９９４
・仲間達が主人公の施設づくり　高橋憲二著　ぶどう社　１９９２

・コミュニティ生活を創る――発達障害者への新しいアプローチ　富安芳和編著　ぶどう社　1989

## 5　自閉症だったひとが大人になって書いた本
――本人たちの苦しみを少しは理解できるのでは……

・書くことによって得たもの――自閉症克服の記録　山岸裕・石井哲夫共著　三一書房　1988
・自閉症だったわたしへ　ドナ・ウィリアムズ著　河野万里子訳　新潮社　1993
・続・自閉症だったわたしへ　同右　1996
・我、自閉症に生まれて　テンプル・グランディン&マーガレット・M・スカリアノ共著　カニングハム久子訳　学研　2000
・自閉症の才能開発――自閉症と天才をつなぐ環　テンプル・グランディン著　カニングハム久子訳　学研　2000
・ずっと「普通」になりたかった　グニラ・ガーランド著　ニキ・リンコ訳　花風社　2000
・地球生まれの異星人――自閉者として日本に生きる　泉流星著　花風社　2003
・ぼくとクマと自閉症の仲間たち　トーマス・A・マッキーン著　ニキ・リンコ訳　花風社　2003
・眼を見なさい！　アスペルガーとともに生きる　ジョン・エルダン・ロビソン著　テーラー幸恵

訳　東京書籍　2009
この本にでてくるひとたちのことが詳しく載っている本
・『ぞうさんの部屋』の記録――ことばの遅れた子・ちえの遅れたこどもたちの成長　古賀才子著　批評社　1986
・続・『ぞうさんの部屋』の記録――お母さんのノートから　古賀才子著　批評社　1990

# おわりに

この本は私が書いたのではなく、小さい頃育てるのに苦労し、努力してきたお母さん方の努力の結晶をまとめたものです。みな匿名にはしましたが、本にして公表することをお許し下さったお母様方に心から感謝いたします。

カバー等に太田頼孝さんの絵を使わせていただきました。おかげでほのぼのした感じのいい本になりました。ありがとうございました。

出版を引き受けてくれるところを探している時に、心よく社会評論社に紹介して下さった旧友の篠原浩一郎さん、そして厳しい出版事業の中、出版を引き受けて下さった社会評論社社長の松田健二さん、また挫折しそうになったとき、励まし、助言してくれた夫・康正、みなさんのおかげでやっと、どうにか一冊の本にまとまりました。ありがとうございました。

古賀才子

**古賀才子**（こがさいこ）
1961　お茶の水女子大学卒業
1969～1990　東京都多摩地区保健所三歳児健診・心理判定員
1982～1990　東京都多摩地区　市・町の一歳半健診・心理相談員
1978・11　東京都立川市の自宅で，こどもの相談室『ぞうさんの部屋』をはじめる
1986「『ぞうさんの部屋』の記録」批評社　刊行
1989「続・『ぞうさんの部屋』の記録」批評社　刊行
1990～1993.3　インドネシア滞在。滞在中，「『ぞうさんの部屋』の記録」のうちの治療教育の部分をインドネシア語に翻訳・印刷，国際交流基金の援助を得て，特別学級のあるすべての学校に寄付。
1994～1997.3　岩手県滞在。滞在中，盛岡児童相談所から七町村へ巡回相談。滝沢村で三歳児健診・一歳半健診の心理相談。「言の葉通信」の「古賀先生の心理相談」欄を三年間受け持つ。
1997.4～　立川で『ぞうさんの部屋』を再開。1998.9杉並に移転，現在に至る。

大丈夫、みんな楽しく生きています！
――ことばの遅れ・知的障害・自閉症の子が大人になるまでつきあって

2013年6月15日　初版第1刷発行

編著者――――古賀才子
装幀―――――中野多恵子
発行人――――松田健二
発行所――――株式会社社会評論社
東京都文京区本郷2-3-10
☎03(3814)3861　FAX 03(3818)2808
http://www.shahyo.com/
印刷・製本―――株式会社ミツワ

## 翔子、地域の学校に生きる！
### 重度の重複障害を持つ娘と歩む

菊池絵里子【著】



四六判／256頁／1700円＋税

# フリースクールの授業

## NPO法人　楠の木学園で学ぶ若者たち

**武藤啓司【編著】**

楠の木学園の試み：「失敗しても楽しいよ」――武藤啓司
音楽の授業：大切な音はきこえないだよ――牛山了子
国語の授業：子どもたちの世界に自分の世界を重ねて――篠原理恵子
体育の授業：頭は考え手足は動く！――神田誠一郎
保護者の立場から：息子が落ち着いてきて、家族も楽しく――利根川淑子
卒業生から：楠の木学園で得たこと――黒瀬晶子
卒業生から：楠の木学園でいろいろな経験をしました――佐藤華絵
数学の授業：ともに壁にぶつかりながら――小林容子
美術の授業：ゆっくり、根気強く――種岡三希子
英語の授業：大空へはばたいて――黒瀬雅左枝
社会科の授業と進路指導――高橋義男
カウンセラーとして――村上　博
最近の楠の木学園のあゆみ――武藤啓司

四六判／256頁／2000円＋税